コロナ禍・ウクライナ紛争と
世界経済の変容

小森谷徳純・章　沙娟　編

中央大学経済研究所
研究叢書 82

中央大学出版部

は し が き

　本書は中央大学経済研究所国際経済研究部会の 3 年間（2020 年 4 月～2023 年 3 月）の研究活動成果を叢書として取りまとめたものである。本部会は「国際経済の諸問題の解明」をテーマとし，理論・実証・制度といった様々なアプローチから国際経済の諸問題に関して研究を進めてきた。この 3 年間の研究期間を通じて世界経済の潮流に大きな影響を及ぼしている出来事を考えたとき，2020 年初頭からの新型コロナウイルス感染症（COVID-19）の世界的蔓延と 2022 年 2 月からのウクライナ紛争という，世界史に必ず記録されるであろう 2 つの出来事に言及せざるを得ない。2020 年 2 月に COVID-19 と命名され，同年 3 月に世界保健機関（WHO）事務局長によってパンデミックと表明された COVID-19 は，2023 年 4 月時点で，全世界で 7 億 6300 万人の累積感染者，約 700 万人の累積死亡者を記録している。そしてパンデミック表明のおよそ 2 年後である 2022 年 2 月には，ロシアによるウクライナへの軍事侵攻が開始された。この軍事侵攻は長期化し，ウクライナ紛争は現在も終わりが見えない状況となっているが，これまでに数万から十数万といわれる兵士の死者と 1 万人ほどの市民の死者を出し，500 万人以上の国外避難民を生んでいる。

　2019 年末に中国で COVID-19 の最初の症例が確認されて以降，世界経済の状況は急速に悪化し始めた。1918 年に世界で猛威を振るったスペイン風邪以来ともいわれるパンデミックで，世界各国でロックダウン（都市封鎖）や外出禁止の措置がとられ，人の移動が大きく制限され，それに伴って調達，製造，配送，販売といった企業の生産，そして家計の消費があらゆる面で影響を受けた。経済の回復度合いは国によりばらつきが大きかったが，2021 年には世界経済全体では回復基調を示した。新型コロナウイルス（SARS-CoV-2）の新たな変異株であるオミクロン株による感染が急速に拡大したことで 2022 年初頭には回復のペースに鈍化が見られたが，高い感染力（伝播性）と比較的低い重症

化率といったオミクロン株の特性やワクチンや自然感染による獲得免疫の効果により，その後，社会経済活動は正常化に向かった。2022 年 12 月には中国が「ゼロコロナ」から「ウィズコロナ」へと政策を急転換し，2023 年 5 月には WHO が COVID-19 に関する「国際的に懸念される公衆衛生上の緊急事態」の宣言を終了すると発表した。日本でもほぼ同じときに，COVID-19 の感染症法上の位置づけが季節性インフルエンザと同じ「5 類」に移行され，3 年余り続く国のコロナ対策は節目を迎えた。

しかし，COVID-19 が世界経済にもたらした影響が過去のものになったわけではない。国際的な工程間分業により国境を越えるサプライチェーンが形成されている状況下で発生した COVID-19 のパンデミックは，人の移動の制限や物資の不足に伴うサプライチェーンの途絶を生じさせた。この経験によって，今後も生じ得るパンデミックや新たな不測の事態に備えて，危機により柔軟に対応できるサプライチェーンへの変革が企業に求められ始めた。また輸入原材料価格の上昇や物流における人手不足などによるインフレの圧力を解消するため実施されている金融引き締め政策が，世界経済の回復を毀損する恐れがあるとも指摘されている。そして今回の COVID-19 の拡大はグローバルな危機であり，そのような危機に対応するために，感染と経済の両面における国際協調の重要性も今まで以上に認識されるようになった。

2022 年 2 月 24 日にロシアがウクライナ東部のロシア系住民の保護，ウクライナの非軍事化および非ナチ化を目的とする「特別軍事作戦」と称してウクライナへ侵攻して以降，G7 を中心とする先進国はロシアに対する経済制裁を次々と実施している。金融面においては SWIFT（国際銀行間通信協会）からのロシアの銀行の締め出しやロシア中央銀行の資産凍結，貿易面においては最恵国待遇の撤廃やエネルギー分野（石炭，そして石油）における輸入禁止，そして半導体を含むハイテク製品における輸出禁止などが挙げられる。これらの制裁はロシアの侵略を停止させることが目的であるが，副産物としてモノやカネの流れの変化を生み，世界経済のあり方に大きく影響している。

米中対立の最中のウクライナ紛争は，グローバリゼーションから経済的分断

への流れを加速させることになるのか。G7 などの先進国の動きに対して，新興国・途上国の多くは経済制裁の導入を控え，ロシアに配慮した中立的な姿勢を示している。インドやブラジルに代表される新興国の今後の動向次第では，各国の思惑がより複雑に絡みあい，異なる局面を迎える可能性もある。いずれにせよ，ウクライナ紛争が国際経済秩序の歴史的な転換点となる可能性は高いと言える。

　このような COVID-19 やウクライナ紛争が世界経済の潮流にもたらす影響を踏まえて，本書のタイトルを『コロナ禍・ウクライナ紛争と世界経済の変容』とした。本書は国際経済研究部会に属する 7 名の研究員・客員研究員によって執筆された計 7 編の論文から構成されている。以下では各章の概要を簡潔に紹介する。

　第 I 部「コロナ禍・ウクライナ紛争と世界経済」（第 1 章～第 2 章）では，COVID-19 の世界的蔓延からウクライナ紛争勃発後に至る期間における世界経済の変化を，貿易と資金フローの観点から考察する。第 1 章「コロナ禍およびウクライナ戦争時におけるインドの対外・対露貿易」（谷口洋志）では，インドの対外・対露貿易に焦点を当て，コロナ禍前からウクライナ紛争勃発後に至るまでの期間におけるインドの行動を客観的に整理し，インドとロシアとの関係がどのように変化したかについて議論する。第 2 章「COVID-19 およびロシアによるウクライナ侵攻のグローバル・ファイナンスへのインパクト―国際資金フローの観点から―」（油谷博司）では，証券投資だけではなく，直接投資やその他投資にも注目し，コロナ禍とウクライナ紛争が国際的な資金フローに及ぼす影響を考察する。

　第 II 部「コロナ禍・ウクライナ紛争と世界秩序」（第 3 章～第 4 章）では，コロナ禍とウクライナ紛争が世界秩序やヨーロッパの時代転換へ与える影響に関する論考を取り上げている。第 3 章「コロナ・ウクライナ戦と世界秩序の変動」（坂本正弘）では，米中関係や米国の主導する西側とロシアとの関係に焦点を当てて，コロナ禍とウクライナ紛争による世界秩序の変動を議論する。第 4 章「ウクライナ戦争とヨーロッパの時代転換―ドイツの"Zeitenwende"を中心に―」

（田中素香）では，ドイツの動きに注目しながら，ウクライナ戦争によって迫られたヨーロッパの時代転換について考察する。

　第Ⅲ部「ポストコロナの世界経済の変容」ではコロナ禍の影響などを踏まえた，ポストコロナの新しい社会や世界秩序に関する論考を取り上げている。第5章「ポストコロナの地域医療」（岸真清）では，COVID-19 の猛威に苦悩した地域社会が抱えている課題を緩和する方策を検討している。地域社会の基盤を形成するのがコミュニティビジネスと考え，その成長を支える地域医療の存続・発展を議論する。第6章「グローバリズムと米中貿易摩擦―ポストコロナ後の中国経済の変化と世界経済―」（大矢野栄次）では，中国経済の産業構造の変化と経済政策がどのように世界経済に影響を与えるか，世界経済の変化で各国にどのような影響がもたらされるかを考察する。第7章「新型コロナとインフレーションについての考察」（矢野生子）ではCOVID-19 が世界経済にもたらした様々な影響について分析するとともに，この期間にヨーロッパで発生したインフレーションについて，グリーン・インフレーションが根本原因であることの考察を行う。

　COVID-19 は国際経済研究部会の今期研究期間の活動にも大きな影響を与えた。しかし，そのような状況においても部会の各メンバーが各自の専門分野で研究を進めるとともに，知識の共有と交流の機会を持つことや，研究成果を社会的に発信することを目的として本部会は研究会を開催してきた。本部会では部会メンバーの研究成果を共有するための研究会を毎年度末に開催してきたが，コロナ禍の3年間もオンライン形式ではあるが開催を継続することができた。またその他の公開研究会も不定期ではあるが開催できた。

　COVID-19 の流行で国内外が未曾有の危機に直面する中で，研究部会活動を支援してくださった研究所合同事務室の方々には，改めて感謝を申し上げたい。また本書の刊行については，こちらも研究所合同事務室の方々，そして中央大学出版部の方々にご尽力いただいた。この点についてもこの場でお礼を申し上げたい。本書が，コロナ禍・ウクライナ紛争が世界経済にもたらす影響を理解するための一助になれば幸いである。

　ウクライナの市民，そして世界各地で紛争に苦しむ市民にも 1 日でも早く平穏な日々が訪れることを願いつつ。

2023 年 7 月 31 日

国際経済研究部会

小森谷　徳　純

章　　沙　娟

目　　次

第Ⅰ部

コロナ禍・ウクライナ紛争と世界経済

第 1 章

コロナ禍およびウクライナ戦争時における
インドの対外・対露貿易

谷 口 洋 志

1. はじめに

　2022 年 2 月 24 日，ロシアによるウクライナ侵略戦争（以下ではウクライナ戦争という）が始まってから，国際連合の安全保障理事会や総会ではロシアによる侵略戦争を非難する決議案が何度か議題にのぼり，安保理では否決されながらも国連総会では賛成多数で採決された。残念ながら国連総会での決議採択は拘束力がなく，単に国際社会の意志を示すにとどまった。

　こうしたロシア非難決議に関わる安保理や国連総会の場で毎回棄権を通した国がいくつかあり，そのうちの代表がインド，ベトナム，パキスタンであった。これらの国の動きについては，拙稿（谷口 2022a，b；2023a～d）で何度か取り上げた。その主要な結論は，棄権や無投票を続けた国とロシアとの間には，歴史的関係，武器貿易・軍事的関係，エネルギー貿易，農産物貿易によるつながりがあるというものであった。

　しかし，これだけでは，棄権・無投票の国とロシアとの関係が十分に解明されたとは言えない。なぜなら，こうした特別な関係が具体的にどのような経済行動につながったかについてはまだ解明されていないからである。国連総会で棄権してもロシアとの貿易を大幅に減少する国があったならば，それは間接的

にロシアを非難する側に回っていると言えるかもしれない。あるいは，ロシア非難に賛成投票した国であってもロシアとの貿易を拡大させている国があるかもしれない。

　本章での関心は，ウクライナ戦争開始後のインドとロシアとの関係に焦点を当て，インドが国連での投票行動や国際社会での発言の裏側で，どのような関係をロシアとの間で築こうとしているかを探ることにある。インドと並んで中国も，ロシアとの関係において独特な動きをしている。本章では特に，インドの対外・対露貿易に焦点を当て，コロナ禍前からウクライナ戦争勃発後に至るまでの期間におけるインドの行動を客観的に整理し，解釈することを試みる。

　第2節ではコロナ禍とウクライナ戦争におけるインドの動きを，第3節ではインドの対外貿易の特徴を整理する。第4節ではインドのエネルギー貿易の特徴を整理し，第5節ではインドの対露貿易の動向を探る。第6節は結びである。

2. コロナ禍・ウクライナ戦争とインドの対応

2-1　コロナ禍への対応

　2019年末に発生し，2020年から世界中に蔓延したCOVID-19のインドへの影響は，当初軽微と見られた。世界全体のCOVID-19陽性者総数が100万人を超えた2020年4月3日時点でもインドの陽性者総数は2,301人にとどまっていた。しかし，その後，インドは大きな3つの波を迎えることとなる。

　第1波は，2020年4月に始まり，ピーク時の同年9月には新規陽性者数（1日平均，以下同じ）が9万人を超え，世界全体の3分の1を占めるまでになった。その後，新規陽性者数は下落し，2021年2月前半には1.1万人にまで減少した。第2波は，2021年2月下旬に始まり，同年4月には1日平均10万人以上，ピーク時の同年5月上旬には約40万人を記録し，世界全体の半分を占めるまでになった。それ以降，新規陽性者数が急減して12月には1万人未満となった。第3波は，2022年1月上旬に始まり，ピーク時の同年1月下旬には約30万人となった。それ以降，新規陽性者数が激減し，同年4月中旬には約1,000人にまで減少した。その後も新規陽性者数は一進一退を繰り返したが，最多でも2万人未

満であり，2023 年 2 月には 100 人台にまで激減した。

　2023 年 2 月末時点でのインドの累計感染者数は約 4,469 万人，累計死亡者数は約 53 万人であり，世界全体の累計感染者数 7 億 5,851 万人の 5.9％，累計死亡者数 681 万人の 7.7％を占めている（Our World in Data に基づく）。インドの陽性者数に対しては過小評価されているという指摘があり[1]，また，検査件数が激減しているので，実際の新規陽性者数は，公表された数値よりもずっと多い可能性がある。とはいえ，ほぼ終息したことは間違いない。

　コロナ禍に対するインドのモディ政権の対応については混乱があったことは確かである（竹田 2021）。しかし，その政策対応には，以下の 3 つの注目すべき内容が含まれていた（谷口 2023c）。

　第 1 は，経済研究と疫学研究成果に基づく政策を実践したことである。インド政府によると，パンデミック拡大の不確実性に直面し，政府は，最悪ケースを想定して人命損失の最小化を重視するとともに，ソーシャル・ディスタンシングが難しい高人口密度の国では初期の厳格なロックダウンが望ましいとする疫学研究を踏まえた政策を実践したとする（Government of India 2021a）。

　第 2 は，徹底した「検査・追跡・治療・ワクチン接種・コロナ対応行動」戦略（'Test, Track, Treat, Vaccinate and Covid-appropriate behavior' strategy）をとったことである。WHO が提言した陽性率 5％以下に見合った 1 日検査件数を実現すべく，陽性率や感染経路を追跡し，治療を進める一方でワクチン接種の加速を推進すると同時に，COVID 拡大抑制に努める行動の厳格な順守を求めたとする（Government of India 2021b）。

　実際，2021 年 3 月下旬から 2022 年 2 月にかけては 1 日 100 万〜300 万件の検査件数が実施された。ワクチン接種件数も，2022 年 1 月には 1 日約 1,000 万件を記録し，2023 年 2 月末にはワクチン総接種件数 22 億 636 万件，複数回接種者数 9 億 5,188 万人となった。これは，日本の 1 日最多検査件数約 30 万件，

---

1)　WHO は，インドの死亡者数が公式統計の 10 倍以上であるとしてインド政府と対立し，インド政府はそれに反論した。Voice of America（VOA）(2022) "Delhi vs. WHO: What Is India's True COVID Death Toll? ," May 6, 2022 参照。

ワクチン最多接種件数 169 万件と比べても遜色ない。

　第 3 は，「バーベル戦略，セーフティネット，アジャイル・アプローチ（Barbell Strategy, Safety Nets & Agile Response）」の採用である。インド政府によれば，バーベル戦略では，社会・ビジネスの脆弱な部門への影響を緩和するためにセーフティネットを提供する一方，確率分布を継続的に更新していくことで柔軟な政策対応を行ったとする。また，アジャイル・アプローチでは，高頻度データを通して短期的な反復の中で結果を評価し，増分的な調整を繰り返していくという手法を採用した。アジャイル・アプローチは，事前の詳細な分析に基づいて硬直的な実施計画を定めて実行しようとするウォーターフォール（滝）・アプローチとは対極にあるものとされる（Government of India 2022）。

　このように，モディ政権の具体的対応については評価が分かれる面があるとしても，その行動哲学には目を見張るべきものがあった。それは，科学的知見に基づく政策の実践であったと評価できる。

2-2　ウクライナ戦争に関わるロシア非難決議への対応

　2022 年 2 月 24 日のウクライナ戦争開始以降，国連ではロシア軍のウクライナからの即時撤退やウクライナ一部のロシア領土化反対などについての決議案が採択された。表 1-1 は，2014 年のクリミア侵略以来の国連総会におけるロシア非難関連決議の投票結果をまとめたものである。賛成多数で可決されたものの，採択された決議に法的拘束力はない。とはいえ，国際社会の態度や反応を示したものとして重要な意味を持っている。

　国連総会における各国の投票行動の中でも注目されたのは，インドと中国の投票行動である。表 1-1 が示すように，インドはすべての決議案について棄権を繰り返したのに対し，中国は，国連人権委員会におけるロシアの資格停止を求める決議案への反対を除く他の決議案すべてに対して棄権を貫いた。

　インド政府は，ウクライナ戦争を「ロシア・ウクライナ紛争（Russia-Ukraine conflict）」と言い続け，ロシアによる侵略ないし侵攻という表現を一切用いない（Government of India 2023）。モディ首相は，暴力の即時停止，敵対の停止，対

表1-1　ロシア非難に関わる国連決議

年月日	決議内容	Y	N	A	Non	計	インド	中国
2014年3月27日	2014年3月16日実施「クリミア自治共和国とセバストポリ市のロシア併合」に関する「住民投票の無効とウクライナの領土保全を支持する」決議案	100	11	58	24	193	A	A
2022年3月2日	ロシアによるウクライナへの攻撃停止を求める決議案	141	5	35	12	193	A	A
2022年3月24日	ロシアによるウクライナへの攻撃を非難し、人道回廊を強く求め、戦闘の停止と軍隊の撤退を求める決議案	140	5	38	10	193	A	A
2022年4月7日	国連人権委員会におけるロシアの資格停止を求める決議案	93	24	58	18	193	A	N
2022年10月12日	ウクライナ東・南部4州のロシア併合を無効とする決議案	143	5	10	35	193	A	A
2023年2月23日	ウクライナでの戦争を終結させ、ロシア軍のウクライナからの即時撤退を求める決議案	141	7	32	13	193	A	A

（注）　Y＝賛成，N＝反対，A＝棄権，Non＝無投票。
（出所）　United Nations Digital Library, "Voting Data"（https://digitallibrary.un.org/search?cc=Voting+Data&ln=en&c=Voting+Data）。

話への復帰，主権と領土保全の尊重を繰り返し表明するものの，ロシアを名指しで非難することは一度もない。インドが棄権を続ける背景には，インドとロシアとの歴史的関係や兵器貿易面での密な関係があるだけでなく，RIC（ロシア・インド・中国），BRICS（ブラジル・ロシア・インド・中国・南アフリカ）や上海協力機構（SCO, Shanghai Cooperation Organization）の一員としてロシア・中国のグループに加わっていることも関係していると考えられる（谷口 2022a; 2022b）。

3. インドの対外貿易

　インドの対露・対中関係を理解するためには，インドの対外貿易の特徴を把握する必要がある。2000年度以降のインドの貿易収支を見ると，常に赤字で，近年それが大規模化しており，2021年度・2022年度[2]には2000億ドル前後の赤字を記録している。輸入が輸出を超過する傾向は変わらないものの，貿易相

---

2)　本章を通じて，2022年度は，2022年4月〜2023年1月までの10カ月を意味する。

手国や貿易構造は長期的に変化している。

　輸出先では，香港・日本・ドイツ・ベルギー・イギリスの比重が低下する一方，中国・ブラジル・オーストラリアの比重が上昇している。ただ，輸出先上位は，アメリカ・UAE・中国でほぼ変わらず，2022年度の場合にはオランダが第3位に上がっている。輸入先では，2004年度から中国が第1位となり，2000年代半ばからUAEとサウジアラビアが上位に上がる一方，イギリス・スイス・ドイツの比重が大きく低下した。アメリカは輸出先では第1位でありながら，輸入先では第2位または第3位にとどまっている。

　こうした貿易相手国の変化は，貿易収支の点から見ると明白となる。すなわち，2000年度の場合，インドの貿易赤字が大きな相手国はスイス・ベルギー・イギリスであり，貿易黒字が大きな相手国はアメリカ・UAE・香港であった。ところが2021年度の場合，貿易赤字が大きな相手国は中国・イラク・サウジアラビア・スイス・UAE・カタールとなり，2022年度にはこれらにロシアとインドネシアが加わった。一方，貿易黒字が大きな相手国は，2021年度の場合，アメリカ・バングラデシュ・ネパールで，2022年度にはこれらにオランダが加わった。近年の貿易収支を見ると，米国や近隣諸国（バングラデシュ，ネパール）には貿易黒字を作りながら，中国には巨額の赤字，産油国（イラク，サウジアラビア，UAE），産炭国（インドネシア），天然ガス生産国（カタール）には大幅赤字を記録しているのが特徴である。

　表1-2から，HSコードに基づく上位輸出入品目を見ると，輸出の中心は，真珠・貴石等（HSコード71），衣類（62，61），綿・綿織物（52）から燃料（27），真珠・貴石等（71），電気機器（85），原子炉・ボイラー（84）に変わってきている。一方，輸入の上位5品目に大きな変化はなく，燃料（27），真珠・貴石等（71），電気機器（85），原子炉・ボイラー（84），有機化学品（29）が輸入の中心である。最近の輸出入の第1位はともにHSコード第27類（鉱物性燃料および鉱物油並びにこれらの蒸留物，歴青物質並びに鉱物性ろう）であり，輸出の2割以上，輸入の3割以上を占めている。そこで次節では，この第27類，つまりエネルギーの貿易について掘り下げて考えてみる。

表 1-2　インドの主要輸出入品：2000, 2019～2022 年度

摘要	2000		2019		2020		2021		2022		主要相手国（上位3）
	HS	%	HS	%	HS	%	HS	%	HS	%	
輸出品目	71	16.7	27	13.6	27	9.2	27	16.5	27	22.6	オランダ，UAE，アメリカ
	62	8.5	71	11.5	71	9.0	71	9.3	71	8.5	アメリカ，香港，UAE
	52	5.4	84	6.6	30	6.6	84	6.0	85	6.2	アメリカ，UAE，オランダ
	27	4.3	29	5.6	84	6.5	72	5.4	84	6.1	アメリカ，ドイツ，イギリス
	61	4.0	87	5.3	29	6.2	29	5.2	29	4.8	アメリカ，中国，オランダ
	29	3.9	30	5.2	85	4.9	85	4.8	87	4.7	アメリカ，南アフリカ，メキシコ
	84	3.2	85	4.8	87	4.7	87	4.7	30	4.4	アメリカ，ベルギー，南アフリカ
輸入品目	27	34.7	27	32.4	27	25.3	27	31.8	27	37.0	ロシア，イラク，サウジアラビア
	71	19.2	71	11.5	71	14.0	71	13.3	71	10.3	UAE，スイス，アメリカ
	84	8.4	85	10.4	85	11.8	85	10.2	85	9.3	中国，香港，韓国
	85	5.3	84	9.1	84	9.4	84	8.3	84	7.6	中国，ドイツ，アメリカ
	29	3.2	29	4.2	29	5.0	29	4.7	29	4.1	中国，アメリカ，サウジアラビア
	15	2.8	39	3.0	39	3.4	39	3.3	39	3.2	中国，韓国，UAE
	28	2.1	72	2.3	15	2.9	15	3.2	15	3.0	インドネシア，マレーシア，アルゼンチン

（注）HS コード 27= 鉱物性燃料・鉱物油等，71= 真珠・貴石等，85= 電気機器，84= 原子炉・ボイラー，29= 有機化学品，87= 自動車，30= 医療用品，39= プラスチック，15= 動物性・植物性油脂，72= 鉄鋼，62= 衣類等（メリヤス編み等除く），61= 衣類等（メリヤス編み等のみ），52= 綿・綿織物，28= 無機化学品等。

（出所）Government of India, Ministry of Commerce and Industry, Department of Commerce（2023）"Export Import Data Bank Version 7.1 - Tradestat," Mar. 15, 2023, より作成。

4.　インドのエネルギー貿易

4-1　HS コード第 27 類貿易

　インドの貿易においてはエネルギー関係の HS コード第 27 類品目（以下では第 27 類という）の比重が大きい。図 1-1 が示すように，インドの輸出総額に占める第 27 類の構成比（図中の輸出構成比）は，2005 年度から 10％を超え，2012・2013 年度には 20％台となり，その後低下したものの，2022 年度には再び 20％台（22.6％）となり，HS コード 2 桁品目では 2018 年度から最大輸出品目となっている。一方，インドの輸入総額に占める第 27 類の構成比（図中の輸入構成比）は，25～40％という高水準にあり，HS コード 2 桁品目では一貫して最大輸入品目となっている。

図 1-1　インドの第 27 類輸出入額と総輸出入額に占める比重：2000〜2022 年度

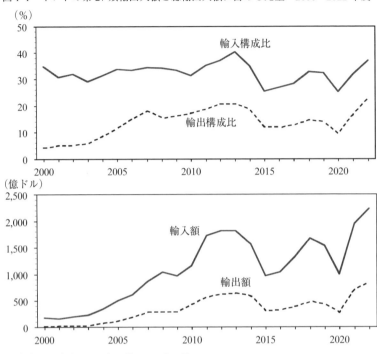

（注）2022 年度 =2022 年 4 月〜2023 年 1 月。
（出所）表 1-2 に同じ。

4-2　第 27 類貿易の詳細

　インドの輸出・輸入の双方においてなぜ第 27 類が最大品目となっているかを理解するために，第 27 類の詳細を 4 桁分類から見てみよう。図 1-2 は，第 27 類輸出入額の 4 桁品目別構成比を見たものである。ここでは構成比が 5％以上になったことがある主要品目だけを掲載している。

　第 27 類輸出については，そのほとんどが石油製品の 2710 類であり，過去 20 年以上にわたって 93％以上を維持している（最高は 2012 年度の 97.2％）。第 27 類輸入については，2709 類の石油・歴青油（以下では石油という）が最大であり，その輸入構成比は 2010 年度まで約 80％であったが，それ以降低下傾向にあり，2022 年度には 62％となった。一方，2701 類の石炭は上昇傾向にあり，

図 1-2　インドの第 27 類輸出入額の 4 桁品目別構成比：2000～2022 年度

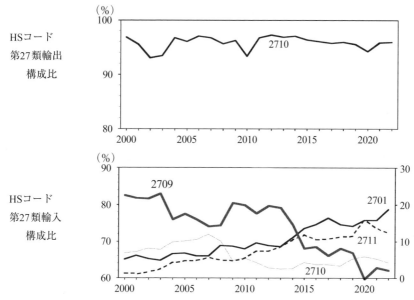

（注）2022 年度 =2022 年 4 月～2023 年 1 月。輸入構成比のうち，2709 類のみ左目盛，2701 類・
2710 類・2711 類は右目盛。
（出所）表 1-2 に同じ。

2014 年度から 10％を超え，2022 年度には過去最高の 18.7％となった。石油ガ
ス・天然ガスの 2711 類も最近までは上昇傾向にあり，2014 年度から 10％を超
え，2022 年度には 12.1％となった（過去最高は 2020 年度の 15.7％）。石油製品の
2710 類は，2005～2008 年度に 10％を超えたことがあったものの，2009 年度以
降は 5％前後となっている。

　このように，第 27 類輸出の中心は 2710 類の石油製品，第 27 類輸入の中心
は 2709 類の石油である。ただし，最近の輸入では，石油の比重が低下して 6
割強，2701 類の石炭と 2711 類のガスの比重が合計で約 3 割であり，これらの
合計で第 27 類輸入の 9 割以上を占める。以上要するに，インドは，石油・石炭・
ガスを大量に輸入し，石油の一部を石油製品として輸出しているという特徴を
持つ。

　なお，インドの第 27 類貿易について，2022 年度（10 カ月）と 2021 年度を比

較すると，輸出は 144 億ドル増加し，うち 139 ドルが 2710 類の輸出増加であった。また，輸入が 283 億ドル増加し，うち 160 億ドルが 2709 類，111 億ドルが 2701 類，6 億ドルが 2711 類であった。つまり，2022 年度には，石油・石炭・ガスの大量輸入と石油製品の大量輸出がより顕著になったということである。

4-3　価格の重要性

図 1-1 に示されたように，2014〜2017 年度に，第 27 類の輸出入は金額減少と構成比低下を経験している。ここから比重や重要度が低下したように見えるが，これは正しい見方ではない。この問題を理解するために，図 1-3 を使って考えてみよう。

図 1-3 は，2020〜2022 年度における最大輸入品目 2709 類のほぼ 100％を占める 270900 類（石油および歴青油）[3] の輸入額・輸入量・輸入平均価格を示す。それぞれの数値は，2010 年水準を 100 として指数化している。図から，2014

図 1-3　270900 類の輸入額・輸入量・平均輸入価格：2010〜2022 年度

（注）2010 年水準 =100。
（出所）表 1-2 に同じ。

3）　270900 類（石油および歴青油）は，2021 年度を除き，2709 類の 100％を占める。2021 年度のみ，270920 類（原油）が 2709 類の 12.2％を占めた。

〜2017 年度にかけて輸入額が大きく落ち込み，これが第 27 類輸入額減少の大部分を占めたのである。例えば，2013 年度から 2015 年度にかけて第 27 類輸入額が 844 億ドル減少し，うち 270900 類輸入額がその 92% に相当する 777 億ドルの減少であった。これらの影響で輸入総額自体も 692 億ドルの減少となったが，第 27 類の減少率（46.5%）が輸入総額の減少率（15.4%）を大幅に上回ったため，第 27 類の輸入構成比が約 15% ポイント低下することとなった。

このように，第 27 類の比重低下に見えるものは，実際には価格暴落による金額減少であり，輸入量自体が増加していたことを考えると，この間に比重が低下したと見るのは適切ではない。同じように，比重上昇に見えるものは，実際には価格高騰による金額増加である可能性もあり，結果として輸入量が減少している可能性もある。実際に，2021 年度以降の動きがその可能性を示唆している，この点については，第 6 節で再び触れることとする。

4-4　第 27 類の輸出先と輸入先

近年におけるインドの第 27 類貿易では，輸入額が輸出額を大幅に上回る赤字が続いている。その赤字額は，2021 年度 1,253 億ドル，2022 年度（10 カ月）1,391 億ドルと巨額であり，2000 億ドル前後の貿易赤字の 6 割以上を占めている。そこで，第 27 類貿易ではどの国からの輸入が多いかを表 1-3 によって確認しよう。

表 1-3 は，2014〜2022 年度におけるインドの第 27 類国別輸入額とその構成比を示す。表から，いくつかの特徴が浮かび上がる。

・中東諸国，ロシア，アメリカ，インドネシア，オーストラリアからの輸入が多い。
・2022 年度には，ロシアからの輸入が激増し，輸入額では第 1 位となった。
・2022 年度には，ロシアに次いで，インドネシアからの輸入が大幅に増加した。
・以前から，中東のイラク，サウジアラビア，UAE，カタールからの輸入が多い。

表1-3　インドの第27類国別輸入額とその構成比：2014〜2022年度

	国　名	2014	2015	2016	2017	2018	2019	2020	2021	2022	差額
輸入額（億ドル）	ロシア	5	4	9	21	22	32	21	53	312	259
	イラク	142	108	116	175	223	237	142	315	295	△20
	サウジアラビア	232	152	156	178	245	232	130	276	283	6
	UAE	135	79	95	91	137	162	118	203	237	34
	アメリカ	15	13	17	40	73	83	87	168	162	△7
	インドネシア	75	51	50	63	73	67	50	69	132	63
	オーストラリア	57	51	70	93	97	77	61	132	130	△2
	カタール	134	79	68	72	93	84	68	109	122	13
構成比（％）	ロシア	0.3	0.5	0.9	1.6	1.3	2.1	2.1	2.7	14.0	
	イラク	9.1	11.1	11.3	13.3	13.3	15.4	14.2	16.2	13.2	
	サウジアラビア	14.8	15.7	15.1	13.5	14.6	15.1	13.0	14.2	12.7	
	UAE	8.6	8.2	9.2	6.9	8.1	10.5	11.9	10.4	10.6	
	アメリカ	0.9	1.3	1.6	3.0	4.3	5.4	8.7	8.6	7.3	
	インドネシア	4.8	5.2	4.9	4.8	4.3	4.4	5.0	3.5	5.9	
	オーストラリア	3.7	5.2	6.8	7.1	5.8	5.0	6.1	6.8	5.8	
	カタール	8.6	8.2	6.6	5.4	5.5	5.5	6.8	5.6	5.5	

（注）差額は，2022年度と2021年度の輸入額の差。
（出所）表1-2に同じ。

・2021年度には，アメリカとオーストラリアからの輸入が大幅に増加した。

　世界経済と同じく，インド経済も，コロナ禍の影響で輸出入が2020年度に大きく減少したものの[4]，2021年度以降は輸出入が急回復した。そして，ウクライナ戦争の影響を受けた2022年度には第27類貿易を中心に大きな変化が見られた。その典型が，第27類輸入におけるロシアとインドネシアの台頭である。

　2022年度における変化の詳細を探るために，表1-4に基づき，第27類輸入の中心である石炭（2701類），石油（2709類），ガス（2711類）について主要な輸入先と2022年度における変化を見ると，以下のようになる。

　・2022年度における石炭の主要な輸入先はインドネシアとオーストラリアである。2021年度との比較では，インドネシアからの輸入が激増し，オー

---

[4]　2020年度に対前年度比で輸出額が215億ドル減少，輸入額が803億ドル減少したが，2021年度には対前年度比でそれぞれ1,301億ドルと2,182億ドル増加した。前者の落ち込みはコロナ禍によるロックダウン，ソーシャル・ディスタンシング，物流停滞による影響であり，後者の急伸は，コロナ禍に対する規制緩和だけでなく，全般的な物価上昇によるものと考えられる。

表1-4　インドの第27類主要品目の輸入先：2022年度

2701類	2022	差	2709類	2022	差	2711類	2022	差
インドネシア	129.1	63.8	イラク	289.2	△14.2	カタール	102.3	6.5
オーストラリア	124.1	△6.0	サウジアラビア	247.9	19.2	UAE	58.6	4.8
ロシア	39.6	23.8	ロシア	247.0	222.3	サウジアラビア	23.8	△4.0
アメリカ	33.2	10.7	UAE	146.8	23.7	クウェート	19.3	2.8
南アフリカ	30.8	△1.5	アメリカ	93.8	△19.4	アメリカ	16.9	△2.8
シンガポール	24.3	8.8	クウェート	68.0	△11.5	オマーン	10.2	3.5
モザンビーク	15.3	5.2	ナイジェリア	54.6	△31.3	（ロシア）	0.6	0.2
2701類計	417.7	111.5	2709類計	1,384.2	159.7	2711類計	270.5	6.2
輸入シェア	7.1	2.1	輸入シェア	23.0	3.0	輸入シェア	4.5	0.2

（注）差は，2022年度（10カ月）と2021年度の差。輸入シェアは％，その他は億ドル。
（出所）表1-2に同じ。

ストラリアを抜いて輸入先第1位となった。また，インドネシアに次いでロシアからの輸入も大幅に増加した。

・2022年度における石油の主要な輸入先はイラク・サウジアラビア・ロシアである。2021年度との比較では，ロシアからの輸入が激増し，輸入先トップにかなり接近した。

・2022年度におけるガスの主要な輸入先はカタールとUAEである。2021年度との比較でもこれら2国からの輸入増が目立った。

・2022年度の輸入先におけるロシアの順位は，石炭と石油が第3位（前年度は石炭第5位，石油第9位）であったのに対し，ガスでは第23位であった。

5. インドの対露貿易

5-1　対露貿易全体の動向

図1-4は，2000年度以降におけるインドの輸出先および輸入先としてのロシアの順位を示す。輸出先順位は2000年度の第11位から徐々に下落し，2004年度以降はほぼ30位台である。輸入先順位は，2003年度以降，輸出先順位を上回るものの，2017年度の第16位を除けば，20位台が多い。ところが，2022年度には，輸入先順位が前年度の第20位から第4位に急上昇した。つまり，2021年度までは，貿易相手国としてのロシアは，インドにとって重要度が低かったが，ウクライナ戦争時の2022年度になって輸入先としてのロシアの重要度

図 1-4　インドの輸出先・輸入先としてのロシアの順位：2000～2022 年度

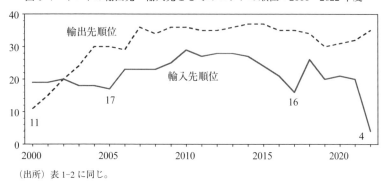

（出所）表 1-2 に同じ。

が一挙に高まったのである。これを具体的に見ると，

・ インドの対露輸出額は，2021 年度 33 億ドル，2022 年度（10 カ月）25 億
ドルであるのに対し，対露輸入額は 99 億ドルから 373 億ドルへと激増した。

・ インドの輸出総額に占めるロシアの比重は，2021 年度 0.8％，2022 年度 0.7％
とほぼ変わらないのに対し，輸入総額に占める比重は 1.6％から 6.2％に上
昇した。

・ インドの対露貿易は一貫して赤字であり，赤字額は 2021 年度の 66 億ド
ルから 2022 年度の 348 億ドルへと激増した。2022 年度の赤字額は，イン
ドにとっては対中貿易赤字 716 億ドルに次ぐ巨額の赤字である。

5-2　対露輸出入の主要品目

　インドの対露輸出品目（HS コード 2 桁品目）を見ると，2021 年度に 1 億ドル
を超えたのは 6 品目であり，2022 年度（10 カ月）には 7 品目に増えたが，最大
でも医療用品の 3.7 億ドルにとどまる（表 1-5 を参照）。2022 年度の輸出品目を
前年度と比較すると，激増品目がほとんど見つからない中で，鉄鋼が 2.4 億ド
ルから 0.9 億ドルへ，電気機器・部品等が 5.2 億ドルから 0.8 億ドルへ減少し
たことが目立つ。これは，ウクライナ戦争を考慮したロシアへの輸出抑制，米
欧の対露輸出制限の影響，国際物流の停滞・変化または偶然的要因のいずれに
よるかは不明だが，ウクライナ戦争が何らかの形で絡んでいる可能性がある。

表 1-5　インドの対露主要輸出入品目：2020～2022 年度

輸出品目	2020	2021	2022	輸入品目	2020	2021	2022	構成比
医療用品	4.7	4.8	3.7	鉱物性燃料・鉱物油等	21.1	52.5	311.8	83.6
有機化学品	2.7	2.3	2.6	肥料	6.0	7.7	26.1	7.0
原子炉，ボイラー等	2.3	3.0	2.2	真珠・貴石・貴金属等	9.5	12.5	10.8	2.9
鉄鋼	1.4	2.4	0.9	動物性・植物性油脂等	2.9	4.9	8.3	2.2
電気機器・部品等	3.0	5.2	0.8	鉄鋼	1.0	1.4	3.4	0.9
輸出計	26.6	32.6	24.8	輸入計	54.9	98.7	372.8	100.0

（注）単位：億ドル。構成比のみ単位は％。
（出所）表 1-2 に同じ。

　一方，インドの対露輸入品目については，2021 年度に 1 億ドルを超えた品目が 10 品目あり，2022 年度には 7 品目ある。その品目数は輸出品目とあまり変わらないものの，金額には大きな差がある。中でも最大品目の第 27 類の燃料が，2021 年度の 52.5 億ドルから 2022 年度の 311.8 億ドルへと激増した。その結果，対露輸入総額に占める第 27 類の燃料の比重がこの間に 53.2％から 83.6％へ急上昇した。次いで，第 31 類の肥料も 7.7 億ドルから 26.1 億ドルへ急増したが，対露輸入総額に占める比重は 7.8％から 7％へ下落した。

　かつては最大品目となっていた第 71 類の真珠・貴石・貴金属等は 12.5 億ドルから 10.8 億ドルへ減少し，比重も 12.7％から 2.9％へ下落した。真珠・貴石・貴金属等の輸入減少は，ウクライナ戦争の影響が大きい。具体的には，インドのダイヤモンド原石の最大供給国であったロシアに対する経済制裁によって輸入が停止状態となったからである[5]。また，対スイス貿易で最大輸入品目の金の輸入が 2022 年度に前年度比で半減したことも，対露経済制裁によるスイスにおけるロシア産金の取り扱い禁止が影響している[6]。

5-3　ロシアからの第 27 類輸入

　インドの対露貿易では，第 27 類の燃料の輸入がその大部分を占めることを

---

5)　例えば，AFFBB News「インド『ダイヤモンドの都』，対ロ制裁で大打撃」2022 年 7 月 13 日（https://www.afpbb.com/articles/-/3413188）を参照。

6)　豊島逸夫「ロシア産金の輸入禁止，中国・インド・中東が抜け穴か」『日本経済新聞』，2022 年 6 月 29 日電子版（https://www.nikkei.com/article/DGXZQOUB00006_Z20C22A6000000/）参照。

表1-6　インドのロシアからの第27類輸入の詳細：2014〜2022年度

	HSコード	2014	2015	2016	2017	2018	2019	2020	2021	2022
億ドル	27	5.3	4.4	9.0	21.0	21.6	31.9	21.1	52.5	311.8
	2701	1.4	3.1	3.3	5.3	6.8	8.6	6.2	15.9	39.6
	2704	0.3	0.1	0.2	0.5	0.9	0.9	0.3	0.2	0.4
	2709	1.7	0.7	3.0	11.7	11.8	17.6	9.4	24.7	247.0
	2710	1.8	0.4	2.4	3.3	2.0	4.4	5.0	11.3	24.1
	2711	0.0	0.0	0.0	0.3	0.0	0.4	0.1	0.3	0.6
%	27	100.0	100.0	100.0	100.0	100.0	100.0	100.0	100.0	100.0
	2701	26.1	70.4	37.1	25.1	31.4	26.9	29.1	30.2	12.7
	2704	6.1	3.2	2.6	2.2	4.0	3.0	1.4	0.4	0.1
	2709	32.2	16.2	33.6	55.6	54.7	55.0	44.7	47.1	79.2
	2710	34.6	9.2	26.3	15.5	9.5	13.8	23.6	21.5	7.7
	2711	0.0	0.0	0.0	1.5	0.0	1.2	0.6	0.6	0.2

（出所）表1-2に同じ。

　確認したので，ここでは改めてロシアからの第27類輸入の詳細を整理することとしよう。

　表1-6によると，ロシアからの第27類輸入は，2021年度・2022年度に激増し，特に2022年度には前年比ですでに約6倍となっている。激増の要因は，2709類の石油と2701類の石炭の増加である。これら以外にも2022年度の輸入額が増加した品目があるが，石油の増加があまりにも大きいために，構成比では石油だけが大幅に上昇し，その他の品目はすべて大幅に低下することとなった。

　ここでは，石油と石炭の増加が意味することを理解するために，ロシアを含む輸入先上位5カ国との輸入額，輸入量，輸入価格（＝輸入額÷輸入量）を見ておこう。

　表1-7は，インドの270900類（石油および歴青油）輸入の状況を示す。2021年度以降，どの国とも輸入額が増加する中で，ロシアからの輸入額激増が異常に目立つ。輸入量については，2022年度の数値が10カ月分しか含んでいないので多くの国では2021年度比でまだ増加していない中で，ロシアからの輸入量だけが前年度比10倍近く増加するなど，これも異常な動きを示している。輸入額・輸入量から割り出した平均輸入価格を見ると，ロシアからの輸入激増

表 1-7　インドの 270900 類輸入の金額・数量・価格：2017～2022 年度

項　目	国　名	2017	2018	2019	2020	2021	2022	倍率
輸入額 （億ドル）	イラク	175	223	228	129	264	289	1.09
	ロシア	12	12	18	9	23	247	10.74
	サウジアラビア	153	214	204	108	197	248	1.26
	UAE	61	95	109	74	107	147	1.37
	アメリカ	6	36	49	54	95	94	0.99
	小　計	460	634	656	405	752	1,093	1.45
輸入量 （万トン）	イラク	4,574	4,661	5,157	4,303	5,010	4,215	0.84
	ロシア	296	222	356	276	405	3,826	9.45
	サウジアラビア	3,616	4,034	4,220	3,420	3,421	3,265	0.95
	UAE	1,429	1,749	2,183	2,188	1,917	1,874	0.98
	アメリカ	145	641	958	1,503	1,714	1,367	0.80
	小　計	11,346	12,385	13,900	12,649	13,692	15,506	1.13
輸入価格 （トン当たり 米ドル）	イラク	384	478	441	299	527	685	1.30
	ロシア	395	532	494	342	557	646	1.16
	サウジアラビア	422	530	482	314	576	759	1.32
	UAE	428	544	501	336	558	783	1.40
	アメリカ	422	560	511	357	557	686	1.23

　（注）倍率は，2022 年度の数値の 2021 年度の数値に対する倍率。
　（出所）表 1-2 に同じ。

　の理由が明らかとなる。すなわち，2022 年度に各国の輸入価格が上昇する中で，ロシアの価格上昇率が一番低く，かつ 2022 年度価格が最安値となっている。

　表 1-8 は，同じことを 2701 類（石炭）輸入について整理したものである。2022 年度の輸入額ではロシア・インドネシア・アメリカの増加が，輸入量ではロシアとインドネシアの増加が目立つ。アメリカからの輸入額が増加する一方で輸入量が伸びていないのは，平均輸入価格の高騰が著しく，価格水準も相対的に高いことにある。ここでは特にロシアとインドネシアに注目すると，ロシアからの輸入額・輸入量の激増は，ロシアの輸入価格の伸び率が一番低く，かつ 2022 年度の価格水準が相対的に安くなったことによる。インドネシアの輸入価格はロシアの輸入価格よりも高い上昇率となったものの，2022 年度の価格水準が相対的に低いことが，インドネシアからの輸入増につながったと考えられる。

　以上の動向から，ロシアからの石油・石炭の輸入増やインドネシアからの石炭の輸入増の要因は，それぞれの価格面での相対的優位性，すなわち価格水準

表 1-8　インドの 2701 類輸入の金額・数量・価格：2017〜2022 年度

項目	国名	2017	2018	2019	2020	2021	2022	倍率
輸入額 （億ドル）	インドネシア	62.2	71.9	65.1	46.1	65.4	129.1	1.97
	オーストラリア	83.5	88.1	72.1	57.8	130.1	124.1	0.95
	ロシア	5.3	6.8	8.6	6.2	15.9	39.6	2.49
	アメリカ	16	19.8	13.8	11.6	22.5	33.2	1.48
	南アフリカ	30.6	27.2	30	19.3	32.3	30.8	0.95
	小　計	197.6	220.2	196	144.7	281.7	381.2	1.35
輸入量 （万トン）	インドネシア	9,581	11,288	11,666	9,253	7,253	9,465	1.30
	オーストラリア	4,612	4,817	4,672	5,495	6,680	3,885	0.58
	ロシア	430	492	823	675	825	1,737	2.11
	アメリカ	1,203	1,498	1,216	1,220	1,437	1,168	0.81
	南アフリカ	3,849	3,115	4,248	4,608	2,577	1,441	0.56
	小　計	19,676	21,775	23,198	21,700	19,386	18,560	0.96
輸入価格 （トン当たり 米ドル）	インドネシア	65	64	56	50	90	136	1.51
	オーストラリア	181	183	154	105	195	320	1.64
	ロシア	123	138	104	91	192	228	1.19
	アメリカ	133	132	113	95	156	284	1.82
	南アフリカ	79	87	71	42	125	214	1.71

（注）倍率は，2022 年度の数値の 2021 年度の数値に対する倍率。
（出所）表 1-2 に同じ。

が相対的に低い上に価格上昇率も相対的に低いことにあると考えられる。この意味で，インドからすれば，ウクライナ戦争時における 2022 年度の輸入行動は，費用最小化を踏まえた経済合理的行動であったということになる[7]。

6. おわりに

6-1　インドとロシアの関係はどう変化したか

第 4 節では，インドの輸出入において第 27 類が最大品目であり，石油・石炭・ガスを輸入して石油製品を輸出するというインドの貿易構造の特徴が 2022 年

---

7)　ガスについても同じことが言える。インドの主要輸入先上位 5 カ国とロシアの 6 カ国の動向を見ると，2022 年度に輸入額が増加したのはロシアとクウェート（カタールと UAE も増加する見込み），輸入量が増加したのはロシアとクウェートである。その背景には，2022 年度の輸入価格上昇率ではクウェートが一番低く，また，輸入価格水準ではロシアが他国よりも 3〜5 割安かったことがある。したがって，ここからもインドの輸入行動は，費用最小化を目指した経済合理的な行動であったと考えられる。数値は，石油や石炭と同じような手続きで算出した。

度に一層強まったことを確認した。その変化の要因は，インドネシアとロシアからの石炭，ロシアからの石油の輸入激増にあり，その結果，ロシアが石炭と石油の輸入先ではいずれも第 3 位にまで躍進し，インドの輸入総額におけるロシアの順位も一挙に第 4 位となった。また，5-2 項では，インドの対露貿易が慢性的な赤字状態にあり，その主因は対露輸入の大部分を占める第 27 類輸入で，2022 年度にはこうした傾向が大幅に強化されたことを示した。5-3 項では，ロシアからの石油と石炭の輸入増加の要因は，ロシアの相対価格面での優位性にあることを確認した。

　インドとロシアとの貿易関係は，コロナ禍の 2021 年度から変わり始め，ウクライナ戦争時の 2022 年度には劇的に変化した。ここで，インドとロシアの関係がどう変化したかについて全体の動向をも含めて整理すると，以下のようになる。

・貿易相手国としてのロシアの比重は大幅に強化された。強化されたのは，ロシアからのエネルギー輸入，特に石油と石炭の輸入である。

・インドのエネルギー輸入金額は大幅に増加した。その原因は輸入価格の上昇によるものであり，石油以外の輸入数量は微増にとどまる。

・全体の輸入数量が微増する中で，ロシアからの石油・石炭の輸入数量は（インドネシアからの石炭輸入数量とともに）激増した。

・石油・石炭に比べると，ロシアからのガス輸入は，金額・数量ともに極端に少ないが，2022 年度にわずかながら増加した。

・ロシア産石油・石炭（およびガス）の輸入の相対的増加の背景には，価格水準および価格上昇率の相対的低さによる。インドネシア産石炭の輸入激増も同じ理由による。

・インドのエネルギー輸入をめぐる経済行動は，費用最小化を目指した経済合理的な行動であったと考えられる。2022 年 12 月 5 日から，米欧日・豪州がロシア産原油・石油・歴青油に対してバレル当たり 60 ドルのプライス・キャップを実施し，ロシアがそれに対して輸出削減で対抗している。その結果，ロシア産石油の相対価格水準の低さは今後も続き，米欧日の輸

入量も減少する見通しから，対露貿易に現れたインドの輸入行動が今後ますます先鋭化する可能性がある。

6-2　欧州は対露関係悪化をインドからの迂回輸入で対応したか

ところで，ロシア産エネルギーに対してインド（と中国）の輸入増と欧州の輸入減が生じる中で，インドから欧州へのエネルギー製品輸出が増加したという指摘がある[8]。最後にこの点を確認することとしよう。

焦点となっている2710類の石油製品の輸出動向を見ると，2022年度におけるインドの輸出先は，金額ベースではオランダ（88.9億ドル），UAE（66.1億ドル），米国（47.8億ドル），トーゴ（45.3億ドル），イスラエル（45.1億ドル）の順であり，前年度比差額ではオランダの36.2億ドル増，イスラエルの28.8億ドル増，ブラジルの26.5億ドル増，トーゴの21億ドル増が目立つ。したがって，オランダ経由でインドから欧州への石油製品輸出が増加しているように見える。しかし，全体を眺めると，やや違った側面も見られる。

表1-9は，2710類の石油製品のほぼ100％を占める271019類（軽質油・同調製品以外の灯油・軽油・重油・潤滑油・絶縁油等）の輸出額・輸出量・輸出価格を示す。ここでは2022年度にインドからの輸出額が大幅に増加した国と地域を掲載している。表から，以下の点が確認できる。

・オランダ向け輸出の金額・数量は増加したが，ブラジルやイスラエル向けの輸出の伸び率はオランダの伸び率を相当上回っている。

・オランダ向け輸出の急増にもかかわらず，EU向けの輸出はあまり増加していない。実際，オランダ向け以外のEU諸国向けは金額・数量のいずれでも増えていない。

・トーゴ・南アフリカ・ナイジェリア・タンザニアなどのアフリカ諸国向け輸出が急増したことを反映して，アフリカ全体への輸出は，金額・数量のいずれでも増加しており，その伸び率はEU向けの伸び率をかなり上回っ

---

8) 『日本経済新聞』「欧州対ロ制裁，変える石油流通　インド・中東から流入」2023年2月14日電子版，参照。

表 1-9　インドの 271019 類輸出：2021〜2022 年度

国・地域	輸出額（億ドル）			輸出量（万トン）			価格（トン当たり米ドル）		
	2021	2022	倍率	2021	2022	倍率	2021	2022	倍率
EU	86.8	118.6	1.37	1,250	1,160	0.93	695	1,023	1.47
オランダ	52.7	88.9	1.69	762	874	1.15	692	1,017	1.47
イスラエル	16.3	45.1	2.77	262	391	1.49	620	1,153	1.86
ブラジル	12.7	39.2	3.09	200	365	1.82	633	1,074	1.70
トーゴ	24.3	45.3	1.86	403	422	1.05	604	1,073	1.78
アフリカ	81.2	148.4	1.83	1,266	1,384	1.09	642	1,072	1.67
世界計	426.3	573.9	1.35	6,496	5,454	0.84	656	1,052	1.60

（出所）表 1-2 に同じ。

ている。

　このように，オランダだけに注目すれば，EU 諸国がロシア産石油の輸入減少をインドからの石油製品輸入増加で埋め合わせたように見えるが，EU 全体として見れば急増したとは言いがたい。それどころか，アフリカ諸国・ブラジル・イスラエル向け輸出増加の方が目立っている。したがって，EU は，インドからの迂回輸入を通じて対ロシア経済制裁の抜け穴を利用しているとか，インドは対ロシア経済制裁を利用して EU の代理人として行動することで利益をむさぼっているといった批判は，必ずしも当てはまらない。

参 考 文 献

Government of India (2021a), *Economic Survey* 2020-2021, Vol. 1, January

Government of India (2021b), *Monthly Economic Report*, May

Government of India (2022), *Economic Survey 2021-2022*, Vol. 1, January

Government of India (2023), *Economic Survey 2022-2023*, Vol. 1, January

竹田亮（2021）「政権の慢心，コロナ『第 2 波』招く」政策研究フォーラム『改革者』第 732 号，7 月号，26-29 頁

谷口洋志（2022a）「インドはなぜ棄権したか—国連総会のロシア非難決議案とインドの対応」政策研究フォーラム『改革者』第 741 号，4 月号，32-35 頁

谷口洋志（2022b）「ウクライナ問題の背後にある国際政治経済関係—公共選択の視点」中央大学経済研究所 Discussion Paper No.367，4 月，1-44 頁

谷口洋志（2023a）「中国依存をどのように理解するか—対中依存の両面性」政策研究フォーラム『改革者』第 751 号，2 月号，28-31 頁

谷口洋志（2023b）「ウクライナ戦争に対する国際社会の対応—公共選択の視点」『公

共選択』第 79 号，45-61 頁

谷口洋志（2023c）「ポストコロナ社会の経済政策：制約条件と政策目的を中心に」『経済政策ジャーナル』第 19 巻第 2 号，3 月，21-36 頁

谷口洋志（2023d）「世界経済と日本経済の中国依存をどのように理解するか」谷口洋志編『中国政治経済の構造的転換Ⅲ』中央大学出版部，49-76 頁

第 2 章

COVID-19 およびロシアによるウクライナ侵攻の
グローバル・ファイナンスへのインパクト
——国際資金フローの観点から——

油 谷 博 司

1. は じ め に

　2019 年 12 月に中国の武漢での症例の表面化から始まった新型コロナウイルス感染症（COVID-19）のパンデミック（以下，「パンデミック」という）や 2022 年 2 月 24 日から始まったロシアによるウクライナへの軍事侵攻（以下，「ロシアのウクライナ侵攻」という）によって，世界がそれまでと一変してしまった印象がある。

　これらが，実際に国際的な資金フローにどのようなインパクトを与えたのか，できるだけ世界的に俯瞰することが本章の目的である。

　データとして，国際通貨基金（IMF）が公表している国際収支および対外資産負債残高統計（Balance of Payments and International Investment Position: BOP/IIP または BOP/IIP 統計）のうち，金融収支統計（Financial Account）の四半期データを用いる[1]。対象国は，この期間のデータが利用可能な国すべてとする。分析の方

---

1)　本章にて国際収支統計に関する公表は，すべて IMF のオフィシャルサイト上の BOP/IIP サイト（https://data.imf.org/?sk=7A51304B-6426-40C0-83DD-CA473CA1FD52）での公表を意味する。国際収支統計に関するデータは，すべて同サイトからダウンロードした。

法としては，これら集計値ベースの時系列データの変動を観察し，また対前年同期比の変化率をとり，大きな変動が把握されるかを試みた。

　以下，本章では次節で先行研究を概観し，3節で諸経済施策の概要をまとめる。4節にてデータについて，また，5節にて分析方法を解説する。6節にて分析結果を述べ，7節にてその評価を行う。最後に8節について今後のさらなる研究の方向性を探る。

2.　先 行 研 究

　COVID-19やロシアのウクライナ侵攻の国際資金フローへの影響については，国際機関や中央銀行などで行われている。主なものとしては，2020年以降のIMFによるGlobal Financial Stability Reportの各号がある。日本語文献としては，神田（2021），濱田（2021）などが挙げられる。

　また，国際資金フローについての研究では，外国為替要因による研究，グラヴィティ・モデル，金融政策の波及効果，地政学的観点からの研究など多数行われている。これらを包摂し，しかもCOVID-19の影響までをカバーしたものとして，Goldberg and Kronstrup（2023）がある。これらはいずれも証券投資に焦点を当てており，本章では，金融収支として直接投資やその他投資を含めることでより広く俯瞰することとした。

3.　諸経済施策概要

　COVID-19まん延に対しては，初期段階ではワクチンも有効な治療薬も無かったことから，まず人と人の接触を断つため，多くの国・地域において厳しい行動制限が行われた。それは，同時に経済活動を止めることを意味したため，それによる資金の目詰まりを解消するため政府や中央銀行が様々な形で資金を経済に注入する対策を行った。政府による財政対応としては，雇用を維持するための融資・補助金給付または，退職者への給付金の上乗せ，中小企業の流動性支援のための融資，個人消費を支援するための一律一括の給付金などが行われた。金融対応としては，中央銀行による大胆な金融緩和が行われた。この際，

すでに金利水準が低い国・地域も多かったため，いわゆる非伝統的金融政策である量的緩和やイールドカーブ・コントロール，また政府保証をバックとした中小企業融資・または融資のための民間金融機関への資金供給などが実施された。総じて，この結果，経済に流動性が溢れ，一部資金が高リスクな投資に向かったとされる。

　ロシアのウクライナ侵攻に対しては G7 や欧州連合（European Union: EU）によりロシアおよびその侵攻を支援する国・団体に対する経済制裁が実施され，資産凍結として，ロシア中央銀行の海外資産やロシア政権関係人物の海外資産凍結，輸出入管理としてロシアの最恵国待遇の停止，武器に転用される懸念のある製品の輸出禁止，ロシアの主要収入源であるエネルギーのロシアからの調達を段階的に減らし，他国にシフト，また買取価格の上限設定が実施された。特に，今回の特徴はロシアの主要銀行の国際決済ネットワークである国際銀行間通信協会（Society for Worldwide Interbank Financial Telecommunication: SWIFT）の利用からの排除である。また，ロシアへの投資禁止やロシアでの既存事業からの撤退などが行われている。特に，ロシアの SWIFT からの排除は，国際資金フローに影響を与える可能性があった。

　以上のように COVID-19 やロシアのウクライナ侵攻に対応してとられた経済政策はそれぞれ，国際的資金フローへ影響を与える可能性のあるもので，それらが実際現れたのかどうか，俯瞰することが本章の目的である。

4．デ　ー　タ

　データは，IMF が公表している BOP/IIP 統計のうち，金融収支統計を用いる。周知の通り，国際収支（BOP）は，次の 3 収支から構成される。すなわち，経常収支（Current Account），資本移転等収支（Capital Account）そして金融収支（Financial Account）である[2]。国際的な資金の流れという観点からは，国際貿易に伴う資金決済も関心の対象になり得るので，経常収支も対象とすべきかもしれな

---

2)　国際収支および対外資産負債残高統計の諸定義については，IMF（2009）参照。

い。実際，ロシアのウクライナ侵攻では，経済制裁としてロシアの一部の銀行
をいわゆる銀行間の国際決済ネットワークである SWIFT を利用した取引禁止
が行われている。SWIFT を利用する国際資金決済には，国際貿易の決済も含
まれる。その取引禁止という経済制裁には，ロシアの輸出による収入を絶つ狙
いがあるので，取引禁止という経済制裁の国際資金フローへの影響は興味深い
テーマではある。しかしながら，一部報道[3]にあるように SWIFT を迂回した
決済が行われたり，経済制裁に参加する国々を迂回した貿易が行われたりと，
いわゆる経済制裁逃れが行われている。このため，国際貿易決済への影響を調
べるためには，貿易品目や貿易相手国についての詳細なデータの分析が必要で，
それは，本章の範囲を超える。

　経常収支のうち第一次所得収支（Primary Income Account）には，金融収支に含
まれる取引から生じた所得が含まれる。したがって，第一次所得収支は，金融
収支，そしてその累積である対外資産負債残高（IIP）に（金利変動の影響を受け
るものの）ある程度連動すると推測される。一方，分析の問題として，資本等
移転収支が長期・一貫して公表されている国・地域が少ないこと，また集計金
額としても比較的小さいことがある。また，第二次所得収支（Secondary Income
Account）は，一部の発展途上国には重要な数値であるが，集計数値としては小
さい。以上の理由から，経常収支は本章の対象外とする。

　資本移転等収支についても，債務免除がここに含まれるため，金融取引の観
点から関心のあるところであるが，長期・一貫して公表されている国・地域が
比較的少なく，集計金額として小さいことから，やはり本章では対象外とする。

　利用するデータの頻度は，資金フローの変化を細かく見られるという利点か
ら四半期データを用いる。期間は，2006 年第 1 四半期（「2006Q1」と省略。以下，
同様）から 2023Q3 までとする。データが公表されている国・地域は年や四半
期により異なる。概ね 2010 年代は，年次データでは 190 カ国・地域前後，四
半期データでは 140 から 150 カ国・地域前後が公表されている。一方，米国の

---

3)　『日本経済新聞』（2022 年 6 月 8 日付；2023 年 2 月 23 日付）など。

投資銀行リーマン・ブラザーズの破綻を含む世界金融危機（Global Financial Crisis）期間は含めたい。また，中国のデータが公表され始めたのが 2005 年で，世界経済へのインパクトを考慮すると，中国をカバーする期間を含めたい。以上のように期間としてできるだけ長期間，一方対象国・地域としてできるだけ多くを含めるというバランスから 2006 年を始点とする。また，終点は本章作成時点でまだ 2022Q4 の公表国・地域が少ないため，2022Q3 までとする。以上から，本章にて対象とする国・地域は，表 2-1 の通りである。

　金融収支は次の 4 投資から構成される。すなわち，直接投資（Direct Investment），証券投資（Portfolio Investment），金融派生商品（準備資産を除く）および従業員株式オプション（Financial Derivatives（Other Than Reserve Assets）and Employee Stock Options）（以下，「金融派生商品」）そしてその他投資（外貨準備を含む）（Other Investment）である。このうち，金融派生商品については，公表されている国・地域に限りがあり，かつ，金額も小さいため，本章での分析からは外す。

　公表されているデータは，さらに各投資の金融資産（Financial Assets）・負債（Liabilities）の増加，また資産・負債のうち資本（Equity and Investment Fund

表 2-1　分析対象国・地域

先進国・地域（advanced economies）35 カ国・地域		新興・開発途上国・地域（emerging and developing economies）57 カ国地域		
Australia	Korea, Rep. of	Albania	Croatia, Rep. of	North Macedonia, Republic of
Austria	Latvia	Argentina	Ecuador	Pakistan
Belgium	Lithuania	Armenia, Rep. of	El Salvador	Paraguay
Canada	Luxembourg	Aruba, Kingdom of the Netherlands	Fiji, Rep. of	Peru
China, P.R.: Hong Kong	Malta	Azerbaijan, Rep. of	Georgia	Philippines
Cyprus	Netherlands, The	Bangladesh	Honduras	Poland, Rep. of
Czech Rep.	New Zealand	Belarus, Rep. of	Hungary	Romania
Denmark	Norway	Belize	India	Russian Federation
Estonia, Rep. of	Portugal	Bermuda	Indonesia	Saudi Arabia
Finland	Singapore	Bolivia	Kazakhstan, Rep. of	Solomon Islands
France	Slovak Rep.	Bosnia and Herzegovina	Kyrgyz Rep.	South Africa
Germany	Slovenia, Rep. of	Brazil	Malaysia	Suriname
Greece	Spain	Bulgaria	Mauritius	Tajikistan, Rep. of
Iceland	Sweden	Cabo Verde	Mexico	Thailand
Ireland	Switzerland	Cambodia	Moldova, Rep. of	Türkiye, Rep. of
Israel	United Kingdom	Chile	Morocco	Uganda
Italy	United States	China, P.R.: Mainland	Mozambique, Rep. of	Ukraine
Japan		Colombia	Namibia	Uruguay
		Costa Rica	Nicaragua	Uzbekistan, Rep. of

（注）先進国・地域および新興・開発途上国・地域の分類は IMF の BOP/IIP の World and Regional Tables（https://data.imf.org/regular.aspx?key=60961513）に従う。
（出所）IMF の BOP/IIP サイトより筆者作成。

Shares）・借入（Debt Instruments）／債券（Debt Securities）の増加と分解される[4]。内訳が細かくなるほど公表されている国・地域や期間も限られるので，本章での分析は，資産・負債の増加・減少額にとどめる。対象国・地域をデータが充実している対象国・地域に絞り込む方向もあるが，それによって分析の対象外となるのは，圧倒的に新興国や開発途上国である[5]。全体を俯瞰するという本章の目的から，できるだけ多くの国・地域を含めるため，バランスをとるものである。

　なお，ウクライナ侵攻の当事国であるロシアは，金融収支の中でも一部の項目について 2022 年のデータが公表されていない。すなわち，その他投資（Other Investment）の負債（Debt Instruments）の増加および外貨準備（Reserve Assets）の中の金（Monetary Gold）とその他準備資産（Other Reserve Assets）である。したがって，その他投資の公表集計値とその内訳（その他資産・負債の増加）の合計とは 2002Q1 から Q3 の期間は一致せず，同様に金融収支についても集計値と内訳（直接投資，証券投資，金融派生商品[6]，およびその他投資）の合計が一致しないので，分析結果の解釈には留意が必要である。

　ところで，先述のように金融収支には，直接投資や証券投資など 4 項目が含まれる。これら投資の決定要因は投資の性格により異なる。特に，直接投資の場合，投資先の賃金や生産性，市場規模，政府による減免税などのインセンティブなどが，また，証券投資の場合は期待投資収益率などが主な要因となる。本来は分けて分析すべきところ，本章ではクロスボーダーの資金移動を俯瞰するという目的のため，あえて両方の変化を見る。

4）　いずれも増減の差し引き額（net）である。グロスではないため，正確な影響の把握には限界がある。

5）　ただし，たとえこうした新興国や開発途上国を含めたとしても，後述するように経済規模は小さいため，全体への影響は限られる，一方，個別の国・地域にとっての影響は大きく出てしまう。

6）　逆に，金融派生商品については，ロシアは 2022Q1 から Q3 も含め，一貫して公表しており，公表していない国・地域が他に多数ある。

5. 分 析 方 法

　前節で説明した通り，長期・一貫したデータを得られる国・地域が限られること，また，それらの国であっても，意図的か単なる事務的・テクニカルな理由か，データが欠落する期間・項目がある。したがって，集計値としての金融収支や直接投資（ネット），証券投資（ネット）でなければ，統計的分析がうまくできないように思われる。そこで，本章では，統計は初歩的な利用にとどめる[7]。

　まず，分析対象として 92 カ国・地域を抽出した（表 2-1 参照）。これら 92 カ国・地域は，2006Q1 から 2022Q3 まで，金融収支統計の直接投資，証券投資，そしてその他投資の各金融資産と負債の増減について一貫してデータが公表されている。これら 92 カ国・地域を，35 の先進国・地域と 57 の新興・開発途上国・地域に分け，それぞれの集計値の推移を対比することで，何らかの特徴が浮き彫りになるか，観察を試みる。

　次に，各四半期データの前年同期比を算出し，先進国・地域と新興・開発途上国・地域の金融資産・負債の各集計値の増減率推移を見ることで，全体的傾向を把握する。なお，増減率の計算においては，国・地域や四半期により増減がない，また，データが公表されていないという理由で計算できない場合があるが，その場合は増減率 0 と考えた。

　最後に，個別の国・地域について金融資産・負債の増減率の推移について分析する。方法として，まず，3 つのイベント発生期を定義する。すなわち，世界金融危機期（2008Q3〜Q4），COVID-19 の世界的まん延期（2020Q1〜2021Q2），ロシアのウクライナ侵攻による影響期（2022Q1〜Q3）とする。その上で，各国・地域の金融資産・負債の増減率の絶対値（以下，「変化率」）をとり，2006Q1〜

---

7)　為替レートの変動を，国際資本フローの要因として着目し，その影響力の指数を作成して分析を行う研究が多く行われており，最近では Goldberg and Krogstrup（2023）がある。しかしながら，そうした指数を作成できるのは，そのためのデータが利用可能な国・地域に限定されてしまう。本章では，そこまで踏み込まず，もっと広く俯瞰して今後の方向性を探るにとどめる。

2023Q3 まで（ロシアのその他投資については，2022Q4 まで）の平均値＋2×標準偏差を超える変化率が発生した四半期が，上述のイベント発生期に該当するかを確認する。その該当した四半期数や，国・地域数をカウントすることで個別国・地域への影響の広がりを分析する。

　上述の期間を決める考え方は，以下の通りである。世界金融危機期については，世界金融危機の中で最もエポックメイキングであったアメリカの投資銀行リーマン・ブラザーズ破綻を含む四半期とその翌四半期とした。リーマン・ブラザーズの破綻が 2008 年 9 月と，2008Q3 の最終月なので，その翌四半期も含むのが適切と考えた[8]。一番問題なのは，次の COVID-19 まん延期の期間である。実際，COVID-19 のまん延時期は国によって異なった。また，その原因ウイルスである SARS-CoV-2 は，変異を繰り返し，疾病の深刻度合も変異型により異なった。そして世界的な広がりも，金融に関する事件の影響がグローバルなマーケットを通じて瞬時に伝わるのとは異なり，相当の時間をかけたものであった。始点として，世界保健機構（World Health Organization: WHO）が，2020 年 1 月 30 日に宣言した「国際的に懸念される公衆衛生上の緊急事態（Public Health Emergency of International Concern：PHEIC）」[9] が適当であると考える。すると，その終点は同宣言が解除された日となるが，それは 2023 年 5 月 5 日である[10]。ロシアによるウクライナ侵攻は 2022 年 2 月 24 日なので，それを含むことになる。本章ではこれら 2 つのイベントは分けて，それぞれの国際的資金フローへの影響を見ることが目的なので，それよりも前の適当な時期を終点と考えた。2021Q2 は，中国では上海など大都市で都市封鎖が行われていた一方，欧米各国における諸活動の制限撤廃が広がり始めた時期に当たるので，終点を2021Q2 とした。最後のロシアのウクライナ侵攻による影響期については，始点は侵攻が始まった日を含む 2022Q1 とした。実際，戦争状態が続いているの

---

8)　2010 年のユーロ危機も世界金融危機に含める考え方もあると思われるが，本章では分けて考え，影響の地域的広がりの観点からもリーマン・ブラザーズの破綻の波及の方が深刻と判断したため，ユーロ危機は含めないこととした。

9)　WHO（2020, January 30）.

10)　WHO（2023, May 5）.

で，本章でのデータ対象期間の最終四半期である 2022Q3 までとした。

6. 分析結果

6-1　先進国・地域と新興国・開発途上国・地域との規模の比較

　本章では，35 先進国・地域（Adranced）と 57 新興・開発途上国・地域（Emerging and developing）の合計 92 カ国・地域を対象とした。IMF の BOP/IIP の中で，金融収支としてデータが公表されている国・地域数は，年や四半期により変動があるが，2006Q1〜2022Q3 の期間で，116 カ国・地域（2022Q3）〜151 カ国・地域（2019Q1〜Q4）となっており，92 カ国・地域は，数としては 61〜79％ である。国・地域数として先進：新興・開発途上がおよそ 4：6 であるが，経済規模は 35 先進国・地域の方が圧倒的であるため，結果として 35 先進国・地域の推移が全国・地域の推移に現れ，57 新興・開発途上国・地域の推移があまり反映されない結果となっている。しかしながら，それは 57 新興・開発途上国・地域において外的インパクトの影響が弱いことを意味しない。57 新興・開発途上国・地域だけに着目すれば，35 先進国・地域と変わらない，あるいはより大きな変動が観察される。つまり，あたりまえだが，世界経済全体，あるいは先進国・地域にとって影響は小さくとも，新興・開発途上国・地域にとっては深刻な影響が及んでいる。

　以下，規模比較を行い，今回どれだけの経済についてカバーできているのか検証する。名目国民総生産（名目 GDP）にて経済規模を比較すると，国・経済数としては，世界銀行（The World Bank）の世界開発指標（World Development Indicators: WDI）において US ドル建ての名目 GDP データ（GDP（current US$））は 2006 年〜2021 年の期間で最多 212 カ国・地域（2011，2013 および 2015 年），最少 197 カ国・地域（2021 年）である[11]。92 カ国・地域は，数としては，最大でも 47％ で，半数もカバーされていない。しかしながら，値ベースでは，概ね 93〜95％ をカバーする。

---

11)　The World Bank オフィシャルサイトの WDI データベース（2023 年 3 月 30 日現在）より。以下，名目 GDP に関するデータについて同様。

　35 先進国・地域と 57 新興・開発途上国・地域の合計 92 カ国・地域内の名
目 GDP シェアは，2006 年に 35 先進国・地域 77%，57 新興・開発途上国・地
域 23% であったが，新興・開発途上国・地域が徐々にシェアを高め，2021 年
にはそれぞれ 61%，39% となっている（図 2-1）。このシェアの変化の主な要因
は，新興・開発途上国・地域に含まれた中国の急成長である。中国の経済規模
は 57 新興・開発途上国・地域の中で最大で，その 57 新興・開発途上国・地域
におけるシェアは，2006 年の 25% から 2021 年の 51% にまで倍増している。
一方，35 先進国・地域の中でも米国は一貫して最大規模で，そのシェアは
2006 年の 37% から 2021 年の 42% へと高まっている。こうしてみると，57 新興・
開発途上国・地域の変動は，その中での最大国である中国の変動の影響を大き
く受け，35 先進国・地域でも新興・開発途上国・地域ほどでないにしても，
最大国である米国の影響を大きく受けていることになる。
　金融収支に関する規模感を検証しておく。今回利用する BOP のデータは，
厳密にはすべてネット（増加−減少）なので，この中のシェアを検討しても意

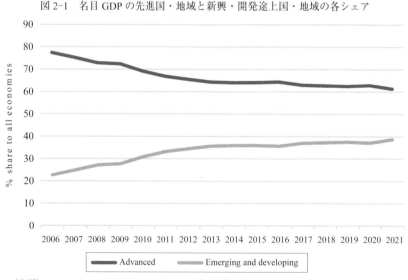

図 2-1　名目 GDP の先進国・地域と新興・開発途上国・地域の各シェア

（出所）The World Bank の WDI データベース（2023 年 3 月 30 日現在）からダウンロードしたデー
　　タを基に筆者作成。

味がないように思える。先述において数の比較をしたが，理屈上，金融収支は
対外資産負債残高（IIP）（ストック）の変動（フロー）なので，IIP で比較してみる。
ただし，IIP で把握できる国・地域は，金融収支よりさらに少なく，65 カ国・
地域（2006Q1 および Q3）～126 カ国・地域（2020Q1）である。今回対象の 92 カ国・
地域においても，そのすべてにおいて IIP が公表されておらず，56 カ国・地域
（2006Q1 および Q3）～88 カ国・地域（2016Q1～2021Q4）のみである。対外資産負
債残高（US$）の比較では，対象の 56～88 カ国・地域の 65～126 カ国・地域に
対するシェアとしては，資産残高では 79%（2008Q3）～83%（2021Q4）で，全
期間平均で全期間平均 82% である。負債残高では 79%（2008Q3）～83%（2022Q3）
で，全期間平均で 81% である。少なくともデータが公表されている国・地域
の 80% 程度はカバーされている。先進国・地域の中でも IIP のデータが公表
されていない，また公表されていても年次ベースのみである国・地域もあるの
で，IIP のカバー率を単純に金融収支に当てはめることはできない。やや乱暴
だが，比較的経済規模が大きい先進国・地域については公表されていると仮定
すると，IIP と同程度かそれ以上，つまり 80% 程度はカバーされていると考え
てもよいかもしれない。

6-2　金融収支の推移

　図 2-2 は，金融収支の 2006Q1～2022Q3 までの先進国・地域（Advanced），新
興・開発途上国・地域（Emerging and developing），そして全国・地域（All）につ
いてのそれぞれの集計値の推移を示したものである。図からは，先進国・地域
と全国・地域において，2008Q4 に金融収支に大きな赤字が現れている。その
後 2012Q1 にもう一度大きな赤字が現れたものの，2018Q3 に向けて季節性変
動を繰り返しながら徐々に黒字が拡大している傾向が見られる。そして，
COVID-19 まん延期に赤字を繰り返した後 2021 年に一旦回復し，2022 年に再
び COVID-19 まん延期並みの赤字が現れている。
　一方，新興・開発途上国・地域については異なる推移が観察される。2006
年から黒字幅は縮小傾向だが，2010 年までは黒字を保ち，2011 年に赤字に転

じた後，2018Q1 に底を打った。その後，赤字幅は縮小したものの赤字が続き，2020〜21 年に一旦黒字転換し，2022 年前半にまた小幅赤字に落ち込んだ後，2022Q3 に黒字に大きくジャンプしている。この 2022 年の変動は，先進国・地域の変動と対照的である。

図 2-2　金融収支の推移（2006Q1〜2022Q3）

（a）全体

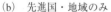

（b）　先進国・地域のみ

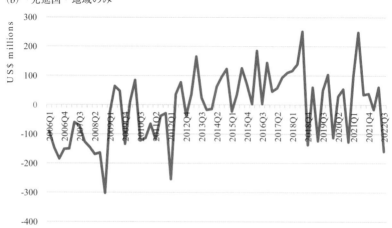

（c）　新興・開発途上国・地域のみ

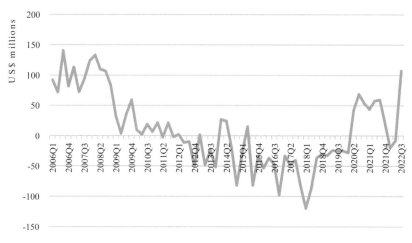

（出所）IMF の BOP/IIP サイトからダウンロードしたデータより筆者作成。

　一応，先進国・地域，新興・開発途上国・地域ともに COVID-19 のまん延およびロシアのウクライナ侵攻が金融収支にネガティブに影響を一時的にも与えたということはできそうである。ただし，インパクトの大きさとしては，先進国・地域については，世界金融危機の方が深刻であったように見える。ただし，それをもって COVID-19 の金融収支に対するインパクトが比較的弱かったと結論するのは早計で，恐らくは，世界金融危機を経験して，各国が危機に備え，実際危機的事象が発生したときに迅速に対応できた結果であると考える方が妥当かもしれない。一方，新興・開発途上国・地域についても，確かに 2009 年に入り大きな落ち込みは見られるものの，金融収支の黒字は維持され，COVID-19 のまん延やロシアのウクライナ侵攻時の落ち込みよりもその前の 2018Q1 での赤字幅拡大の方が大きいように見える。この理由については，個別の国・地域についての詳細な分析が必要であるが，直感的には中国の影響が反映されているように思われる。また，四半期データであることを考慮すると，季節的要因も反映されている可能性がある。その点については，後述の前年同期比変化率を用いた分析まで待ちたい。

　次に直接投資について見てみる。図 2-3 は，直接投資の 2006Q1〜2022Q3 まででの先進国・地域，新興・開発途上国・地域，そして全国・地域についてのそれぞれの集計値の推移を示したものである。(a) からは一見，先進国・地域および全国・地域がほぼ連動し，変動が大きく，新興・開発途上国は変動が小さいように見える。ただし，それは単に値が小さいからで，(c) を見ると，決して安定しているとは言えない。新興・開発途上国・地域が一貫して赤字であることは，直接投資で資金が一貫して流入していることを意味している。構図としては先進国・地域から新興・開発途上国・地域に流れる形で，グローバル・サプライチェーン構築がここに含まれていると推測される。正確には，パートナー国間の詳細な分析が必要で，本章の範囲を超える。また，新興・開発と彫刻・地域の値が小さいことは，それらの国・地域の規模が小さいことに加え，直接投資が先進国・地域の間で活発に行われている可能性もあるので，この点についても別途詳細な分析が必要である。

図 2-3　直接投資の推移（2006Q1〜2022Q3）

(a)　全体

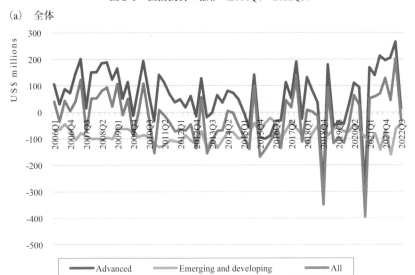

（b） 先進国・地域のみ

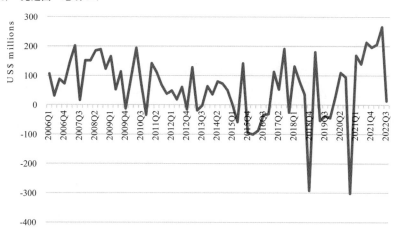

（c） 新興・開発途上国・地域のみ

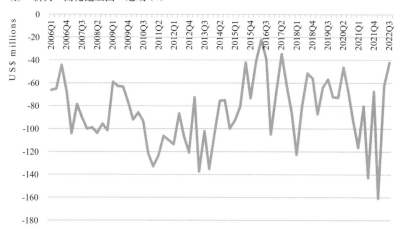

（出所）IMF の BOP/IIP サイトからダウンロードしたデータより筆者作成。

　さて，先進国・地域と全国・地域を見ると，COVID-19 まん延およびロシア
のウクライナ侵攻時近辺で大幅な赤字転落が観察される。が，実際にはこれら
の落ち込みは，それぞれ，2018Q4 および 2020Q4 で，かならずしも COVID-19
またはウクライナ侵攻がきっかけとなったとは言えそうもなく，他の原因によ

るものであろう。また，ともに世界金融危機の影響は見られないと言ってよいであろう。新興・開発途上国・地域については，2022Q1 に比較的大きな赤字拡大が観察される。すなわち，直接投資の流入があったことになる。何らかのウクライナ侵攻の影響を示唆するものかもしれない。しかしながら，このレベルのデータでは情報不足である。新興・開発途上国・地域が直接投資を受けるということは，これらの国・地域にとって有益なこともあるが，それが負債の増加という形で成された場合，それは将来の返済負担の増加につながるので，これだけでは評価は難しい。むしろ，留意すべきはそれに続く 2 期連続の赤字幅の急速な縮小かもしれない。これが，直接投資の解消という結果であったとしたら，将来的な問題につながるかもしれない。

　直接投資について，金融資産の取得の推移を示したのが図 2-4 で，負債の負担の推移を示したのが図 2-5 である。傾向として両者はほぼ同様の傾向を示しているので，これらからさらなる含意は得られないと考えられる。

図 2-4　直接投資，金融資産の取得の推移（2006Q1～2022Q3）

（a）　全体

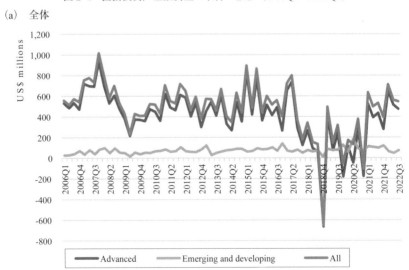

（b）　先進国・地域のみ

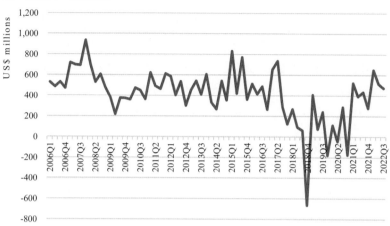

（c）　新興・開発途上国・地域のみ

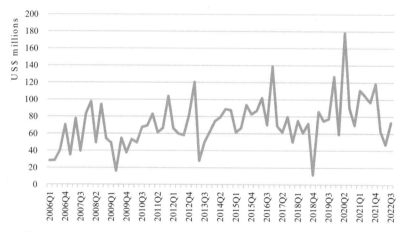

（出所）IMF の BOP/IIP サイトからダウンロードしたデータより筆者作成。

　次に証券投資について見る。図 2-6 は，証券投資の 2006Q1〜2022Q3 までの
先進国・地域，新興・開発途上国・地域，そして全国・地域についてのそれぞ
れの集計値の推移を示したものである。（a）を見ると，直接投資のときと同様に，
先進国・地域と全国・地域がほぼ同様に推移し，新興・発展途上国・地域はほ

ぼ流出入が均衡しているように見える。しかしながら，(c) を見ると，やはりところどころスパイクが観察され，期間中の振幅は大きい。ただし，大きなスパイク以外の変動幅は，直接投資に比べて少ないように見える。新興・開発途上国・地域に証券投資資金が流入しているが，直接投資ほどには，一貫して証券投資が流入していることが顕著に現れてはいない。

　先進国・地域については，COVID-19 まん延時，証券投資のネットとしては特に変動が大きいということは言えそうにない。一方，2020Q4 に黒字への大きなジャンプと（2021Q4 からの連続ではあるが）2022 年に入っての赤字幅の拡大は，何らかの影響を示唆している可能性がある。新興・開発途上国・地域については，一転して 2020Q1 に黒字への大きなジャンプ以降，変動幅が大きくなっている。特に 2022 年に入って，黒字幅が拡大している。新興・開発途上国・地域として資産取得が上回る現象は，興味深いことのように思われる。

図 2-5　直接投資，負債の負担の推移（2006Q1〜2022Q3）

(a)　全体

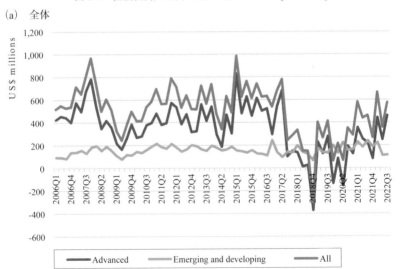

（b）　先進国・地域のみ

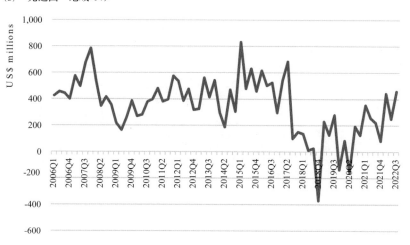

（c）　新興・開発途上国・地域のみ

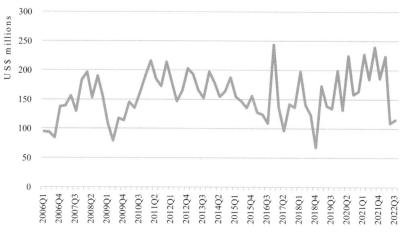

（出所）IMF の BOP/IIP サイトからダウンロードしたデータより筆者作成。

図 2-6 証券投資の推移（2006Q1〜2022Q3）

（a）全体

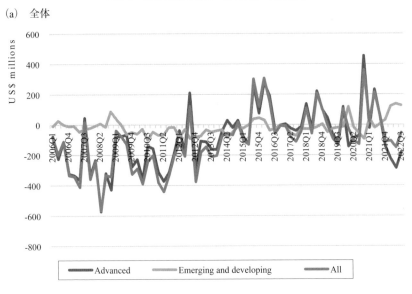

（b）先進国・地域のみ

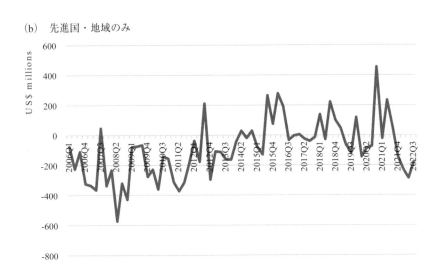

(c)　新興・開発途上国・地域のみ

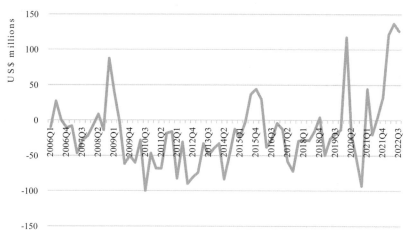

（出所）IMF の BOP/IIP サイトからダウンロードしたデータより筆者作成。

　証券投資について，金融資産の取得の推移を示したのが図 2-7 で，負債の負担の推移を示したのが図 2-8 である。ともに，先進国・地域と全国・地域はほぼ同水準で連動している。図 2-7 を見ると，先進国・地域について，2020Q1 に取得が急に落ち込み，赤字，つまり投資の回収にまで至っていることが観察される。COVID-19 のまん延時，2020 年 3 月に金融市場が混乱した事態を反映したものかもしれない。それに続いて黒字が拡大しているのは，各国中央銀行による大胆な金融緩和が影響している可能性が考えられる。その意味で，COVID-19 まん延初期の不確実性に反応した混乱，それに続く多額の流動性がグローバル金融市場に出回ったことによる投資の増加という形で影響が出ているように見られる。また，2022 年に入って，投資が縮小しているのもロシアのウクライナ侵攻による経済制裁を反映したものと解釈できるかもしれない。新興・開発途上国・地域については，先進国・地域に見られたようなCOVID-19 まん延初期に大きな変動は見られない。ただし，2021Q1 に大きく黒字に振れ，その後落ち込んだとはいえ，黒字幅としてはそれ以前より拡大している。図 2-8 において負債側を見ると，先進国・地域は比較的金融資産の取

図 2-7　証券投資，金融資産の取得の推移（2006Q1〜2022Q3）

(a)　全体

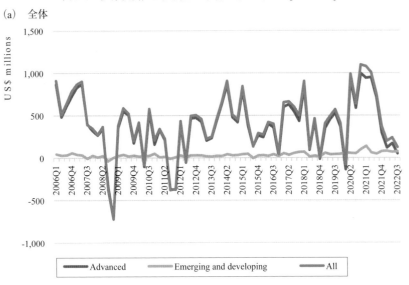

(b)　先進国・地域のみ

(c)　新興・開発途上国・地域のみ

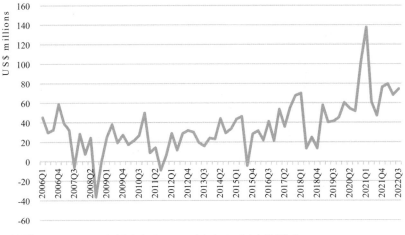

（出所）IMF の BOP/IIP サイトからダウンロードしたデータより筆者作成。

図 2-8　証券投資，負債の負担の推移（2006Q1〜2022Q3）

(a)　全体

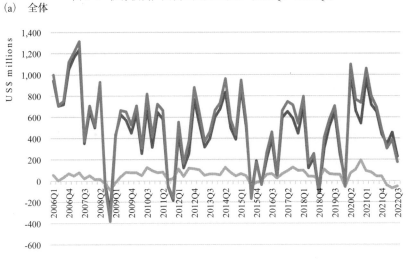

(b)　先進国・地域のみ

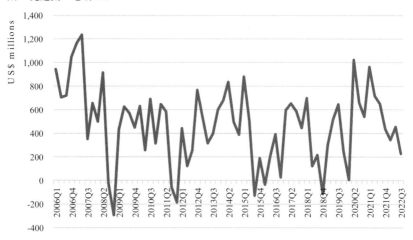

(c)　新興・開発途上国・地域のみ

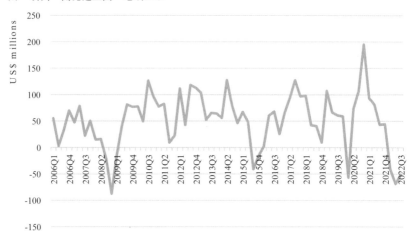

（出所）IMF の BOP/IIP サイトからダウンロードしたデータより筆者作成。

得と似たような推移を示している。新興・開発途上国・地域は推移が異なる。
2020Q1 に，一旦，負債が急に減少したのち，2020Q4 のピークに向け急速に増
加している。ピークに達したのち，負債の増加が徐々に減少し，2022 年に入っ
てからは減少に転じている。

　その他投資については，それぞれ図 2-9，2-10，および図 2-11 の通りである。いずれも先進国・地域の方に COVID-19 まん延期やロシアのウクライナ侵攻期の資金フローへの影響が現れているように見られる。

図 2-9　その他投資の推移（2006Q1～2022Q3）

(a)　全体

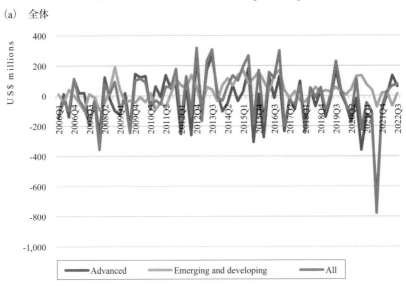

(b)　先進国・地域のみ

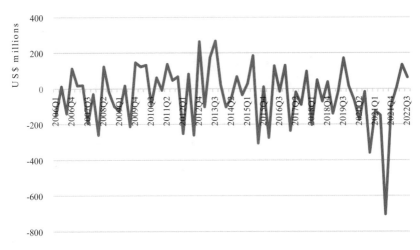

(c)　新興・開発途上国・地域のみ

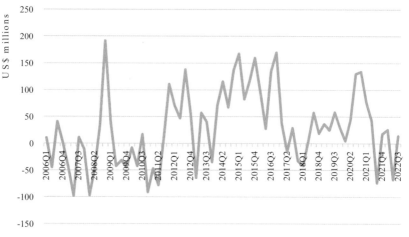

（出所）　IMF の BOP/IIP サイトからダウンロードしたデータより筆者作成。

図 2-10　その他投資，金融資産の取得の推移（2006Q1～2022Q3）

(a)　全体

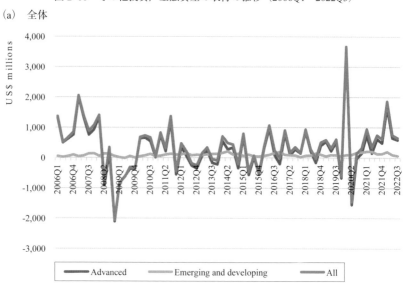

（b）　先進国・地域のみ

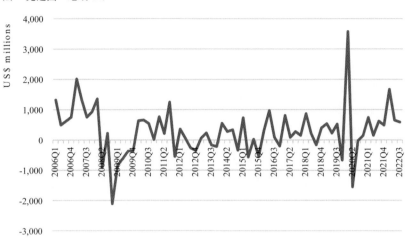

（c）　新興・開発途上国・地域のみ

（出所）IMF の BOP/IIP サイトからダウンロードしたデータより筆者作成。

図 2-11　その他投資，負債の負担の推移（2006Q1〜2022Q3）

（a）　全体

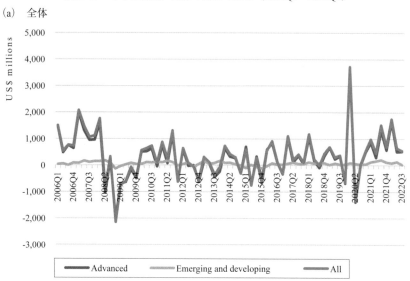

（b）　先進国・地域のみ

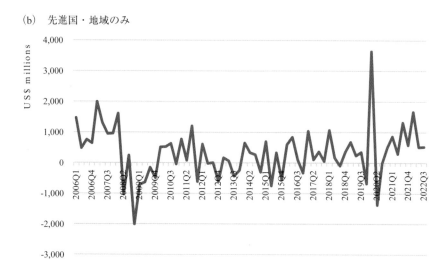

（c）　新興・開発途上国・地域のみ

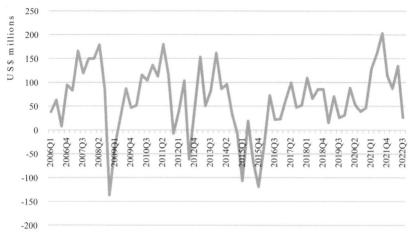

（出所）IMF の BOP/IIP サイトからダウンロードしたデータより筆者作成。

6-3 変 化 率

　最後に金融収支，その内訳である直接投資，証券投資，その他投資，そして
それぞれの金融資産の取得と負債の負担について，92 カ国・地域の対前年同
期比の変化率（増減率の絶対値）についてである。5. 分析方法にて述べたように，
各国・地域について 2007Q～2022Q3 の区間で基準値として変化率の平均＋（2
×標準偏差）を超えた四半期の数を，次の期間についてカウントする。すなわち，
世界金融危機期（2008Q3～Q4），COVID-19 まん延期（2020Q1～2021Q2），そして
ロシアのウクライナ侵攻による影響期（2022Q1～Q3）である。

　結果は表 2-2 の通りである。期間が長いということも理由の 1 つであると考
えられるが，COVID-19 まん延期が最も多くの四半期において大きな変化率を
記録している。次いで，ロシアのウクライナ侵攻，そして世界金融危機という
順となっている。それは，金融収支以下，どの項目についても同様の傾向となっ
ている。金融収支と証券投資の金融資産取得において最多の 30 四半期となっ
ているが，この金融収支を除いて，概ねネットの集計項目，すなわち直接投資，
証券投資，およびその他投資よりも，それぞれの金融資産取得および負債負担

表 2-2　基準値を超える変化率が現れた四半期数

		世界金融危機	COVID-19まん延	ロシアのウクライナ侵攻	合　計
金融収支		3	30	12	45
直接投資		8	14	9	31
	金融資産取得	9	22	10	41
	負債負担	5	23	9	37
証券投資		3	14	5	22
	金融資産取得	6	30	12	48
	負債負担	6	13	9	28
その他投資		8	17	17	42
	金融資産取得	9	28	11	48
	負債負担	5	25	12	42

（出所）筆者作成。

の各項目の方が多い四半期において，大きな変化率が現れていることが言える。そのことから，影響が金融資産取得と負債負担とである程度相殺されていることを示唆しているのであろう。

7.　分析結果の評価

　金融収支とその内訳の直接投資，証券投資，その他投資，またそれぞれの金融資産の取得および負債の負担の集計値の推移からは，ある程度 COVID-19 まん延やロシアのウクライナ侵攻の時期に，国際的資金フローの大きな変動が観察されたと言えるであろう。ただし，その要因について考察する情報が本章の段階では不足しているので，本当にそれらのイベントが原因となって起こった変動であるかどうかは結論できない。また，たとえ大きな変動が観察されない場合でも，各国・地域間のフローの経路が変わること可能性はあり，実際，特にロシアのウクライナ侵攻後はその可能性が指摘されているが，そこまでは把握できていない。

　変化率のカウントにおいて 3 期間以外についてカウントをしていないので，結論は早計だが，各国・地域において先の基準値を超える四半期が概ね 2〜3 四半期であるとすると，全国・地域について 230 四半期に対し，たとえば金融収支は 30 四半期において基準値を超えたことになる。3 期間合計では，金融

収支は 45 四半期，約 20% である。この比率をどう評価するかは，客観的評価
基準を導入できていないので，はっきりしたことが言えないが，意外に少ない
というのが印象である。特に世界金融危機期にはもっと多くの四半期がカウン
トされてもおかしくないように思える。

　変化率の分析方法についての問題点は，一番には，期間設定の適切性が挙げ
られるであろう。期間が長くなれば，その期間に現れる基準値を超える四半期
も多くなるのは当然に思える。また，国際的資金フローは，経済的要因や昨今
の地政学的要因など，様々な要因に左右されるはずなので，主な要因を取り除
いた上で変化率を取り出さないと，異なる要因間で相殺するケースも発生して
いたと考えられる。

8.　お わ り に

　本章においては，集計値よりも，個別国・地域に起こった国際資金フローの
変化を把握することを試みたが，各国・地域間の資金フローまでを把握しない
と，正確な変化は見えてこない。各国・地域間の資金フローのデータとしては，
IMF の直接投資についての Coordinated Direct Investment Survey が，また証券投
資について Coordinated Portfolio Investment Survey が公表されている。ただし，
前者は年次ベースのデータのみ，後者は半期ベースのデータのみなので，今回
の対象である COVID-19 やロシアのウクライナ侵攻に関連した影響を分析する
には，いまだデータが不足する。またその他投資については把握ができない。
銀行与信についてならば，国際決済銀行（Bank for International Settlement: BIS）が
Consolidated Banking Statistics があるので，この統計で補足できる可能性はある
であろう。

　　付記　本章執筆に先立ち，中央大学経済研究所国際研究部会の報告会において部会
　　　　メンバーより貴重な意見やコメントを頂いたことに謝意を表したい。それにも
　　　　かかわらず残る本章における誤りや誤解等はもっぱら筆者の責任である。

参 考 文 献

神田眞人編（2021）『図説ポストコロナの世界経済と激動する国際金融』財形詳報社

日本経済新聞（2022，6月8日）「ロシア原油　中印が下支え　買い手減り大幅安，調達拡大　米欧制裁，実効性薄れる」『日本経済新聞』，11頁

日本経済新聞（2023，2月23日）「ロシア，脱ドル・ユーロ　Swift制裁で決済9割→5割に　人民元・ルーブル傾斜」『日本経済新聞』，3頁

濱田美紀（2021）「パンデミック下の金融危機—新興国の資本移動と脆弱性」，佐藤仁志編著『コロナ禍の途上国と世界の変容—軋む国際秩序，分断，格差，貧困を考える』日経BP

Goldberg, L. and S. Kronstrup（2023）, International capital flow pressures and global factors, *Federal Reserve Bank of New York Staff Reports*, no. 1051

International Monetary Fund（2009）, *Balance of Payments and International Investment Position Manual, Sixth Edition（BPM6）*, Washington, DC: International Monetary Fund

International Monetary Fund（2020, April and after）, *Global Financial Stability Report*, Washington, D.C.: International Monetary Fund

World Health Organization（2020, January 30）, WHO Director-General's statement on IHR Emergency Committee on Novel Coronavirus（2019-nCoV）, Geneva: World Health Organization

World Health Organization（2023, May 5）, Statement on the fifteenth meeting of the IHR（2005）Emergency Committee on the COVID-19 pandemic, Geneva: World Health Organization

第Ⅱ部

コロナ禍・ウクライナ紛争と世界秩序

第 3 章

コロナ・ウクライナ戦と世界秩序の変動

坂 本 正 弘

1. は じ め に

2020年代に入り，国際社会は，パンデミック・コロナとロシアのウクライナ侵略という世界秩序を激動する事態に襲われている。コロナは3年を経た現在収まりつつあるが，この間の世界の社会，経済，政治へ与えた衝撃は大きい。その影響は今後も深く継続するであろうが，国際政治への影響として，米中対立をさらに激化した状況がある。また，安保理常任理事国，ロシアの力による侵攻は，欧州を震撼させたのみでなく，アジアにも甚大なる影響を及ぼし，西側と中露の対立を激化させ，世界秩序を激動させている。

以上の状況に鑑み，本章は以下に，まず，コロナ猖獗を分析し，次いで，ロシアのウクライナ侵攻の衝撃を述べ，これに対応する米国，中国の状況を分析し，最後にG7サミットを含む日本の対応に触れる。

2. コロナが変えた世界

2-1 パンデミックとなったコロナウイルス

2019年末，中国・武漢で発生したコロナウイルスは，韓国，日本などの周辺国，さらに，イラン，ヨーロッパ全域に拡大し，アメリカで急膨張し，西半球，アフリカを蔽い，半年くらいの間に，文字通りのパンデミックとなった。

3 年の猖獗を経た 2023 年 3 月末の世界の感染者累計は 7 億 6,000 万人，死者累計は 688 万人を数えるが，アメリカが感染者 1 億 300 万人，死者 123 万人の突出した状況で，以下，インド，ロシア，イギリス，スペイン，ヨーロッパ諸国の感染者が続く。しかし，発生源の中国の発表は，感染者 200 万人，死者 8 万7,000 人にとどまる。日本は，感染者 3,300 万人，死者は 7 万 3,000 人である。

2-2　社会隔離と権威への挑戦

　この人−人の感染力の強い，姿なきウイルスに対し，当初は有効なワクチンは未開発であり，生命を守る有効な対抗手段は，社会隔離（Social Distancing）となった。社会隔離は，これまで，人−人の接触と交流を増加させ，協業により社会生活を高めてきた近代文明の否定であるが，恐怖がこれを強要した。多くの国で医療の逼迫，崩壊が起こり，政府は国外との往来を遮断するのみでなく，国内でも，外出を制限し，公共機関の利用を制約した。在宅勤務やオンライン会議が流行したが，外出時はマスクを必須とする生活を強いられた。

　このような自粛行動は各人の生活を制限するのみでなく，外食や旅行の機会も減少し，ホテルや運輸機関も活動の縮小を強いられた。企業活動には致命的打撃となり，歴代の老舗を含め，多くの中小企業が倒産し，失業が急拡大した。政府は，これに対応すべく，財政支援を急拡大して，医療の補助や企業補助，雇用維持に努めた。しかし，国民の信任を得るのは容易ではなく，多くの政府首脳が交代した。疫病が権威に挑戦した例として，かつて中世のヨーロッパで流行したペストが，当時，欧州社会を支配していた教会の権威を終了させ，ルネサンスを招来したとの見解はきわめて興味深い（中小路 2020）[1]。各国首脳は，民衆の動きに細心の配慮を強いられたが，トランプ氏は敗れ，安倍首相も病に倒れた。コロナは国際政治にも大きな影響を与え，米中対立が激化した。

---

　1)　教会にお祈りしても，ペストに効果はなく，教会の権威が失墜した。

2-3　中国の強制隔離・コロナの早期終息と体制優位の顕示

　2019 年末，武漢でのコロナ発生への中国当局の対応は遅れた。しかし，2020 年 1 月月末，中国は，人口 1,000 万を超す武漢市を強制隔離し，外部との交通を遮断するとともに，中国全土での，外出の制約，集会の禁止などの社会隔離を強化した。顔面認証，ドローンによる監視を強化し，電子通行証により，全土にわたる監視社会を実現した。武漢市では医療崩壊の事態となったが，3 月には，中国当局は，感染症闘争への勝利を表明した。独裁政権にして可能な強制隔離と国土全体をめぐらした IT 監視体制は，人—人感染の強いウイルス対抗に有効だったと言える。さらに言えば，コロナウイルスはすべての個々人に直接脅威を与える点で，孫文が「砂の如し」と評した中国人にも，政府の強制措置を受け入れやすい状況があったのではないか。各「社区」が他地区の人を拒否し，自主的に社会隔離を高めた状況は，それを裏書きする。

　早期収束をした中国は，世界の工場として，生産を再開し，余剰となった医療資源を駆使し，ヨーロッパ・西半球・アフリカなどで，医療外交を展開し，国際的影響力を高めた。特に医薬，防護服，酸素吸入器などの医療器材の生産では，その優位を浮き彫りにした。さらに，コロナ感染者急増で蓄積した医療情報も医療外交の武器となった。

　中国は，中国発ウイルスへの国際的調査を拒否するとともに，中国は，人口 1,000 万の武漢市を封鎖して，世界へのコロナの感染伝播を抑え，遅らせた，世界での伝染は中国の責任ではないとした。WHO も中国の責任追及は行わなかった。2020 年から 2021 年にかけては，中国は，折から開発した中国製ワクチンも効果があると喧伝し，コロナウイルスとの闘いでの中国社会主義体制がきわめて効果的と強調する優位ぶりであった。そして，中国に厳しいトランプ政権下でのコロナの猖獗に関して，100 万人の死者を出す状況は近代文明社会としては欠陥があると評価し，環球時報は「新型コロナウイルスが，アメリカの世紀を終わらせた」と報じた。

2-4 米国製ワクチンの効果

トランプ大統領のコロナ対策は遅れた感がある。さらに，経済活動の非常事態からの解除を早期に行ったため，感染が猖獗し，死者が多く出て，成長はマイナスとなった。トランプ大統領はワクチンの完成に大きな期待を寄せたが，その成果は，バイデン大統領の利用するところとなった。2021 年 4 月末の就任後 100 日目の最大の目標は，1 億回のワクチン接種だったが，接種体制も整備され，2.2 億回の超過達成だった。米国救済法による全世帯への給付金，中小企業への補助，医療支援などにより，雇用も増加し，アメリカの 21 年の経済成長は 6％になった。コロナ感染状況は劇的に改善し，マスクなしの日常が広がった。米国製ワクチンは世界に求められ，輸出されたが，西側世界の脱コロナが 2022 年には急激に拡大し，国境を越えた人的交流も増大した。

2-5 中国コロナ政策の失敗

2022 年に入り，中国では，コロナの再燃が相次ぎ，ロックダウンが続いた。過度の社会隔離のためか，中国製ワクチンへの不信のせいか，ワクチン接種率が低い中，ゼロコロナ政策の継続は，社会的不満と経済不振を招き，抗議運動が頻発した。中国政府は，年末になりゼロコロナ政策を撤回したが，コロナ対策での社会主義体制の優位の喧伝に傷がついた。また，中国製ワクチンの劣位も明らかになった。バイデン大統領は近年，民主主義の専制主義への優位が明らかになったとするが，コロナが中国やロシア社会の閉鎖性を高めた。プーチン大統領が孤独の中で，ウクライナ侵攻を決断したのは，コロナのせいなのだろうか。

2-6 コロナが生んだ信用不安——シリコンバレー銀行破綻とその波紋

2023 年 3 月 10 日，シリコンバレー銀行が大量の預金流失から経営破綻となったが，類似の信用不安がシグネチャー銀行やアメリカの中規模銀行，地方銀行に伝染し，アメリカの銀行全体の株価下落損失は 60 兆円を超えるという。信用不安は，クレディ・スイスなどヨーロッパにも広がっている。

　今回の銀行破綻はコロナ対応の金融緩和が原因との見方がある。2020 年，2021 年，世界中の政府・中央銀行がコロナ不況に対応するため，巨額の財政支出，大幅な金融貸し出しを行った。超金融超緩慢の中，銀行など金融機関は債券の購入を大幅に増やした。2021 年夏から，アメリカの物価が上昇したが，連邦準備の対応が遅れた。2022 年からの金利上昇は，0.75％引き上げを続ける急ピッチであった。この結果，金融機関の保有債の値下がりの損失，含み損が生じ，金融機関の業績を悪化させ，信用不安につながったというのである。

　特に，シリコンバレー銀行はスタートアップ企業の預金が多い反面，債券への運用が多かったため，保有債の売却で流動性を高めようとしたところ，欠損が表面化し，信用不安が起こり，高い投資物件を求める企業が大量に預金を引き出し，経営破綻するに至った。信用不安が類似の構造を持つ銀行に波及している。

　アメリカ政府の全預金保護の声明や，連邦準備の大規模融資，大手銀行 11 行による資金支援など，当局の敏速，果敢な措置は効果的だろうが，信用不安の解消には時間がかかる。しかし，連邦準備理事会は，アメリカ金融システムは健全だとし，インフレ対応を優先し，3 月 22 日，金利を 0.25％引き上げた。6 月の金利引き上げは見送られたが，インフレとの闘いは続いている[2]。

3. ロシア・ウクライナ戦と世界秩序

3-1　ロシア侵攻の世界秩序への衝撃

　ロシアの一方的なウクライナ侵攻は，それ自体が主権と領土の侵害であり，国際社会の公約を踏みにじるものだが，核大国であり，国連常任理事国であるだけに，甚大な影響をもたらしている。まず，ウクライナは善戦しているが，人命，財産に莫大な被害をこうむり，1,000 万人に上る避難民を生んでいる。国際刑事裁判所はロシアによる児童拉致に対し，プーチン氏を犯罪被告人として告発している。

---

2)　今回の金利引き上げが急ピッチなのは，連邦準備の政策対応の遅れへの後悔からだとの見解があるが，3 月 22 日の引き上げもその流れであろうか。

　ロシア侵攻の欧州諸国への衝撃は大きく，NATO は脳死の状況から覚醒
し[3]，加盟国の結束が強化されたが，衝撃はアジアにも波及し，特に中国の台
湾侵攻への警戒が強まった。アメリカは主導性を強め，西側諸国は①ウクラ
イナへの支援，②ロシアへの制裁を行い，③自国の軍事力の向上に努めている。
日本も国防力の抜本的増強に向かうが，韓国，オーストラリアも軍事力の拡充
に向かっている。

　他方，中露枢軸では，中国の主導性が高まり，ロシアの影響力の低下が見ら
れるが，中国とロシアは結束を強める。その枢軸には北朝鮮やイランが接近す
るが，さらにグローバルサウス諸国への影響拡大により対抗しようとしている。

3-2　2 年目に入ったロシア・ウクライナ戦——ウクライナの善戦と
　　　ロシアの圧力

　ロシア・ウクライナ戦は　2 年目に入るが，5 段階に区分できる。第 1 段階は，
2022 年 2 月 24 日，ロシアはウクライナの北，東，南からの全面的侵攻に始まる。
当初は，ロシア軍の圧倒的優勢が予想されたが，首都キーウをめぐる戦いでは，
ウクライナ軍の巧妙な反撃にあい，ロシア軍は，甚大な損失を出して，撤退し
た。

　第 2 段階で，ロシア軍は，軍事力を再編し，5〜8 月，東部で膨大な火力注
入の戦闘により，ルガンスク州，ドネツク州で占領地を拡大し，ハルキウ州と
南部 2 州の占領した部分を合計すれば，ウクライナ領土の 2 割を占め，プーチ
ン氏は特別軍事作戦は勝利を宣言できる状況ですらあった。

　しかし，第 3 段階，ウクライナは，西側援助の長距離打撃力を生かし，攻勢
を強め，9 月上旬，北部で奇襲をかけ，ハルキウ州全域を解放したのみでなく，
南部ヘルソン市を奪回する大戦果を挙げた。プーチン大統領は，9 月 21 日，
30 万人の予備役の招集を宣言した。

　第 4 段階は，この予備役の投入を含むロシアの 2023 年春にかけての反撃だが，

---

3)　マクロン仏大統領はかつて NATO は脳死の状態にあるとした。

東部バフムトでは，人海戦術を含む，ワグナーの激しい攻撃があった。第 5 段階は，6 月上旬からのウクライナの反転攻勢であるが，南部ではロシア軍の激しい抵抗にあう中，北東部では，ロシア軍の攻撃を受ける状況である。

3-3　ロシアの消耗戦とウクライナの短期戦への期待

　両者，激しい消耗戦の状況で，ウクライナ側は全土がミサイル攻撃にさらされ，インフラに大きな損害の出る状況で，兵器の調達は，アメリカをはじめ西側の供給に依存している。他方，ロシアは，西側の制裁があるとはいえ，抜け穴も多く，兵器の生産もかなりの水準である。プーチン大統領は，2023 年 2 月 21 日の「年次教書演説」で，「戦争を始めたのは西側だ，西側の制裁は効いていない，ロシアの敗北はなく，長期戦も辞さない」と強気である。22 日「祖国防衛の日」では 20 万人を集めたが，プーチン氏の支持率はなお 80％に上る。プーチン氏は戦争長期化により，消耗戦の有利を勝ち取る作戦に出ており，イラン，北朝鮮からの兵器供給のほか，中国の動向が注目される。

　他方，ゼレンスキー大統領の支持率は 9 割を超え，「徹底抗戦し，年内勝利に全力を尽くす」とする。ウクライナは，西側から供給された戦車などの攻撃兵器の蓄積を高め，6 月から反転攻勢に転じた。年内の領土回復を期待しているが，すでに述べたようにロシア軍の反撃にあい，苦戦している。

　ドイツのキール研究所は，この 1 年間の西側のウクライナへの援助総額は，1,500 億ドルに上るとするが，アメリカは 781 億ドルと過半を占め（軍事援助は 320 億ドル），EU が 550 億ドル，イギリスが 89 億ドルだとする。アメリカの支援は単なる武器援助だけでなく，貴重な軍事情報をはじめ，ウクライナ軍の善戦に大きく寄与している。バイデン政権は，今後も積極的支援継続を表明し，2024 年度国防予算でも 70 億ドルを計上している。しかし，共和党の一部からは，大規模援助反対の声もある。さらに，ヨーロッパ諸国は，東欧は援助継続だが，西欧には消極的な国もある。ウクライナとしては，戦車やさらなる武器援助により，短期戦の領土奪還が望ましいが，戦争の長期化となる状況でもある。

3-4　効果の薄い経済制裁

西側は，ロシアの無法な侵攻直後から，大規模，強力な経済・金融制裁を科した。ロシア中銀資産の凍結，ドル決済やSWIFTからの排除のほか，石油や天然ガス取引の制限などで，ロシア経済は混迷すると見られ，ルーブルは当初，暴落した。しかし，その後の情勢は，ロシアの制裁への強靭性が目立つ。ロシアは，エネルギー，食料など基本資源の高度な自給があり，インド，中国をはじめ，石油，天然ガスの国際取引の増加により，ルーブルも3月半ばから，値を戻し，その後上昇した。ロシアは，むしろ，西側へのカードとして天然ガス・石油制約を使った。冬場を控え，ヨーロッパ諸国への天然ガスの供給遮断は，西側の団結にくさびを打つ狙いがあったが，暖冬に助けられ，2022～2023年は，ヨーロッパ諸国はロシアへのエネルギーの依存を減らして対抗できた。しかし2023～2024年の冬場が懸念されている。西側制裁の限界を示す。

3-5　ロシアの人気と中露枢軸

ロシアをめぐる国連特別総会の決議は過去4回行われた。国連安保理が機能しない状況で，国連特別総会決議に拘束力はないが，国際世論としての力はある。2023年2月23日の「ロシア軍撤退要求」決議は賛成141，反対7，棄権32，無投票13だったが，侵攻直後の2022年3月の第1回の決議に酷似し，ロシアへの厳しさは続いている。しかし，今回の決議でも，棄権・無投票が45カ国に上り，厳しさは限界があると言える。

今回の141の賛成には，欧米日豪など50近い先進国が核である。反対7カ国は，ロシア，ベラルーシ，北朝鮮，エルトリア，シリア，マリ，ニカラグアで，ロシアと関係の深い国である。棄権・無投票の45カ国には，旧ソ連7カ国，中国，インド，イランなどアジア10カ国，キューバなど中南米7カ国のほか，20カ国を超えるアフリカ諸国が含まれる。ラブロフ外相の頻繁なアフリカ訪問が目立つが，ロシアの兵器や穀物供与も効いており，中国の影響も大きい。

このような中で，中露枢軸の強化が目立つ。孤立化するロシアにとって中国の支援は貴重である一方，中国には，ロシアはエネルギー・食料での補完関係，

先端軍事技術のほか，ともに安保理常任理事国で，アメリカへの対抗に欠かせ
ない国である。2022 年の中露貿易は 1930 億ドルで前年比 3 割近く拡大した。
ロシアは制裁逃れの石油・天然ガスを中国に輸出し，中国からの輸入は家電や
機械・自動車などだが，その中には電子部品や機械類の並行輸入品があり，ロ
シアの兵器生産を支える。そして人民元決済も増えている[4]。

　最近の注目は，中露のグローバルサウスへの食い込みである。中国は，
BRICS や上海条約機構での主導権を強めながら，ロシアとともに途上国への
影響力を強めているが，3 月のサウジアラビアとイランとの国交回復での仲介
は巧妙な外交の一環である。

　このような状況で，習主席は，「和平交渉で建設的役割を果たす」として，3
月 20〜21 日，モスクワで，首脳会談を行った。会談後の中露共同声明は，両
国の経済協力や反覇権主義や台湾問題での対米結束を示したが，プーチン氏は，
記者会見で，中国の 2 月の 12 項目の和平提案を評価しつつも，早期対話に応
じる姿勢を見せなかった。予想された，習─ゼレンスキー会談もなかった。他
方，折からの岸田首相のウクライナ電撃訪問は，世界のメディアに注目された
が，習─プーチン会談と対比され，改めて，ロシアの無法・暴虐な戦争ぶりが
報道された。

　しかし，3 月末，ゼレンスキー氏は習近平氏との対話を表明し，4 月末両氏
は電話会談を行った。

3-6　西側と中露枢軸群の対立激化──第 3 次世界大戦の危険

　残酷な，大規模な戦争の継続・長期化は，各国の対立を，国家群として深化
させている。ウクライナと地続きのヨーロッパは安全保障の脅威を深め，フィ
ンランドとスウェーデンが NATO 加盟を申請した。ヨーロッパでの危機は，
アジアに伝播し，台湾危機が浮上しているが，北米，ヨーロッパ，日本，韓国，

---

4)　中国は SWIFT へ対抗するため CIPS（Cross-border Interbank Payment System）を導
　　入したが，不活発だった。今回の制裁で，露中間での CIPS 利用は人民元取引の増大
　　となる状況は中国には望ましい。

オーストラリアが，軍事力を強化し，共同の演習を行っている。他方，ロシアと中国は枢軸を強め，共同演習を行っている。ベラルーシ，北朝鮮が支援に加わり，イランもドローン供与など，中露との関係を深めている。2022年9月のボストーク2022には，ロシア，中国，ベラルーシなど旧ソ連諸国，ラオス，シリア，ニカラグア，インドなど14カ国が参加した。3月末，最近，プーチン氏はベラルーシへの戦術核の配備を表明したが，相互の敵対関係の高まりが懸念される。

　以上の状況で，ヨーロッパでの国際会議では第3次世界大戦への危機も議論されるという。現に，アメリカの無人機にロシアの戦闘機が衝突するという事件があった。戦争が長期化し，核の脅威もある中で，対立国群の対抗の高まりは危険である。第1次世界大戦は，イギリス，フランス，ロシアの連携に，ドイツ，オーストリア，トルコの対立国群があり，戦争はセルビアでのオーストリア皇太子殺害という局地から起こった。主要国間からではない。第2次世界大戦もポーランドの侵攻である。今回は，ロシア・ウクライナ戦がすでに起こっている状況である。残酷な侵略者が得をする平和は許せるものでないが，第3次世界大戦への危機も避けなければならない。世界は，いつかは到達する休戦に向けて，厳しい選択に直面することとなる。

4.　米中対立の激化

4-1　バイデン政権の対中政策

　バイデン大統領は，民主主義は専制主義に勝つと宣言し，中国に対抗するには経済力を回復すべしとした。就任以来，インフラ投資計画法や半導体科学法を成立させ，さらに，中産階級強化が必要だとしてきた。その国家安全保障戦略では，中国がアメリカを脅かし得る唯一の競争国とする一方，ロシアは目前の脅威だが，衰退国だとした。中国との対抗に打ち勝つためには，アメリカ国力の充実とともに，同盟国，友好国との関係改善・強化が必要だとしている。G7，NATO諸国との関係修復とともに，インド・太平洋での対中枠組みを強化している。日米，米豪同盟の強化は当然だが，米印日豪QUADの活性化，

米英豪の AUKUS の形成とともに，イギリス・フランス・ドイツのアジアへの
関与を促進した。最近はフィリピンとの同盟関係も修復が見られる。

　国際経済面では，米国が主導する IPEF（インド太平洋経済枠組み）を創設した。
① 貿易，② サプライチェーン，③ エネルギー安全保障・グリーン経済，④ 脱
汚職などを含む自由貿易協定で，日本，韓国，オーストラリア，ニュージーラ
ンド，インド，ASEAN7 カ国など 14 カ国が参加している。また，トランプ政
権以来，中国の技術盗取を阻止する政策をとってきたが，2022 年 8 月，半導
体科学法を策定し，中国への投資を規制し，さらに，その後，日本やオランダ
企業の半導体製造装置の輸出も規制することに成功した。

　アメリカの反中感情は強いものがあるが，その背景として，中国への責任あ
る大国の積年の期待が裏切られたことへの反動，技術盗取への反発，中国発の
コロナによる 100 万人超の死者，強大となった軍事・技術力への警戒があり，
専制監視国家への反発と民主国家・台湾への支援につながっている。

　バイデン氏は，2 月 20 日，現職の大統領として，異例の，戦時下キーウを
電撃訪問して世界を驚かせ，アメリカとウクライナの強い結束を示した。本年
の一般教書演説で大統領は，「プーチンの残忍な戦争は世界への挑戦だ。ア
メリカは NATO を統一し，世界的連合を築いた。ウクライナへの救援を必要な
限り続ける。また，中国が力をつけ，アメリカが衰退しているという議論は間
違っている。アメリカはいまも，中国には最強の立場にある。気球で，主権を
犯すのは許さない。過去 2 年間民主主義は強くなり，専制国家は弱くなった。
世界のどの首脳も習氏の立場に立ちたいとは思わないだろう。アメリカは太平
洋と大西洋の同盟・友好国との橋を架け，優位にある」と演説し，議場から
"U.S.A. U.S.A.—" の大歓声が上がった。

4-2　拡大する国防予算

　2024 年度の国防予算は 8,850 億ドルと 11％の上昇である。国防総省予算は
8,420 億ドルであるが，エネルギー省の核近代化予算 246 億ドルとウクライナ
支援の 70 億ドルが別枠としてある。オースティン国防長官は，統合抑止戦略

を推進し，即応力を高めるが，特に中国は Pacing competitor として最大の脅威
であり[5]，これに対抗する。特にインド太平洋地域で，中国への抑止力を充実
するため，「太平洋抑止イニシアティブ」基金に 91 億ドルを付与する。原子力
潜水艦を含め核の近代化を進め，長距離打撃力の向上，宇宙・サイバー，無人
機開発を重視するが，特に，国防技術開発費を大幅に増額するとする。共和党
主導の下院では中国特別委員会が 2 月に発足したが，前年度の経験から言うと，
議会が中国への脅威を重視し，大統領案以上に国防総省への予算を増加させる
可能性すらある。

4-3　台湾情勢への対応

　トランプ大統領の蔡英文総統への電話が台湾にまつわる中国の呪縛解放への
第一歩だったが，その後，アメリカと台湾の交流は，バイデン大統領就任後も，
高官や議員の訪問，武器の売却など確実に，急速に拡大している。米中対立の
焦点は南シナ海や台湾海峡をめぐる自由航行問題だが，中国は，アメリカ高官
や議員の相次ぐ台湾訪問に関しては，1 つの中国の原則を犯すとして，苛立ち
を強めていた。2021 年 7 月のペロシ下院議長の台湾訪問に，中国は大量のミ
サイル攻撃，海空軍動員の台湾封鎖で答えたが，封鎖は 1 週間に及んだ。蔡総
統は中米訪問途中 3 月末～4 月上旬，米国に立ち寄り，マッカシー下院議長と
の会談を行った。中国国務院台湾事務弁公室朱鳳蓮報道官は「必ず，断固とし
た反撃をする」とした。

　アメリカは，台湾の国防力強化へ支援を強めている。米国務省は，アメリカ
が 2010 年以降に，台湾への武器売却は 350 億ドルにわたるとするが，アメリ
カ上院の外交委員会は 2022 年 9 月 14 日，台湾政策法案を可決した。5 年間で
総額 65 億ドルの武器の売却とともに，譲渡が可能となっている。蔡英文政権は，
中国の侵攻に備え，上陸を阻止する非対称戦略に力を入れているが，アメリカ
の支援と海峡は大きな防波堤である。さらに言えば，後述するようにアメリカ

---

5)　国防省の用語で，中国は pacing competitor とも，pacing threat とも言われる。最大
　　の脅威を意味する。

の海洋圧力戦略は台湾有事に密接な関係を持つが，最近創設された海兵隊沿岸連隊も大きな抑止となろう。

5.　権力集中の習政権

5-1　中国の対米戦狼外交

　中国は，アメリカの最近の行動は，中国を封じ込め，抑圧し，国力を弱めようとする意図だと思っているが，「その政治分断状況を見ると，アメリカは衰退過程にある，その民主主義も破綻だ，中国の政治体制が優位だ」として，戦狼外交を展開してきた。アメリカの台湾関与は，レッドラインを超えており，妥協はできないとする。習政権の権力集中の大きな原因である。ただし，2022年の米中貿易は過去最高を記録したとの実態があり，アメリカの規制は口ばかりだとの感もあろう。しかし，他方に，ロシアと異なり，アメリカの金融制裁には，中国は脆弱だとの警戒もある。

5-2　強国志向・習氏の権力集中

　習近平氏は，2022年10月の第20回党大会において，党総書記に3選され，それとともに政治局常務委員からは，江沢民派，共青団派を除外し，党での権力集中を強めた。2023年3月の人民代表者会議で，国家主席3選を果たした。国務院政府関係の人事においても，李強氏が首相に就任し，副首相に，筆頭に丁薛祥氏を，経済担当に何立峰氏を据えるなど，習氏の側近で固めた。
　習氏は，これまでも，共産党がすべてを統括する体制を作るとし，党の中に多くの領導小組や，委員会を組織し，その長となり権限を強め，国務院の業務への介入および業務の党への移管を行ってきた。今回の国務院の人事により，習氏への権限集中を一層強める状況となっているが，金融，ハイテク，治安を党中央の管理に置く決定をした[6]。
　習主席は，人民代表者会議の閉幕時の演説で，3期目の国家主席を担うこと

---

6)　習政権が，中央金融委員会や中央科技委員会など，党の管理下に置くのは，台湾有事などでの，米国の制裁に備えるためだとされる。

は崇高な任務だ，中国の特色ある社会主義現代化強国を建設し，中華民族の偉大な復興を目指す。科学技術の自立・自強により，経済力・技術力・総合力を強大にする。国民重視を堅持し，共同富裕により，国民を団結させる。国家安全保障の体制を増強し，公共の安全，社会管理の体制を整備する。国防と軍隊の現代化により，鋼鉄の長城の軍隊を建設する。その上で，台湾統一は民族復興のカギだとした。また，中国は人類共同体の構築に努め，グローバル発展構想とグローバル安全保障構想を推進し，グローバルサウスを主導する姿勢である。

5-3　厳しい経済運営の道

　ただし，李克強前首相が行った人民代表者会議冒頭の政府活動報告では，2023 年の成長率は 5％を目標とするが（2022 年は 3％），直面する課題として，多くの中小企業が困難を抱え，雇用対策が重要である，不動産市場が多くのリスクを抱え，地方政府の財政難が深刻で，経済全体の需要不足に対応すべきと警戒気味であった。しかし，国防費は 7.2％の増強である。

　中国経済は，2020 年にはコロナ猖獗もあり，成長率は 2％に低下したが，2021 年にはコロナ閉じ込めもあり，成長率は 8.1％に反発した。しかし，2022年には，コロナ再燃からロックダウンが頻発した上，習主席の共同富裕政策は，不動産業，教育産業やアリババなどの IT 産業を直撃した。経済は停滞し，雇用が伸びず，若年層の失業が増えた。不動産業は中国経済の 3 割を占めるとの試算もあるくらい経済全体への影響は大きい。特に，不動産売買に依存の高い地方財政を悪化させたのみでなく，未完成住宅所有者の住宅ローンの不払いなど，一部地方銀行を危機に陥れた。このような状況で，政府・中央銀行は，不動産業への融資を増やすとともに，インフラ投資促進もあり，地方政府の債券増発を認め，さらに，国有企業などへの金融を緩慢にした。

　2022 年の経済は 3％の低成長となったが，国全体の債務は GDP の 3 倍となった。特に政府部門の債務が急増したが，地方政府の赤字が大きい。家計や民営企業の債務も増大し，消費や投資に慎重になっている。IMF は最近の中国経済

審査で，短期的には不動産投資へのテコ入れや拡張的財政政策が必要だが，中期的には，不動産の規模縮小，生産性向上のために国営企業よりも民営企業の振興，インフラ投資よりも社会保障充実による家計消費の拡大を勧告している。

　習政権は，2035 年までに所得を倍増する目標を持つ。そのための 5% の成長率維持は必須だが，人口減少や債務累積など諸種の制約要因が存在する中，次第に困難になろう。習氏は，しかし，マルクス主義の中国化の理念を持ち[7]，共同富裕の推進，国有企業優遇を進め，さらに，先端科学技術振興への期待が高い。李強氏は，就任直後の記者会見で，経済運営の難しさを述べたが，民間企業の発展や社会保障問題などで，習氏との意見の齟齬はないかである。

5-4　台湾危機後も続く米中対立

　ハル・ブランズはマイケル・ベックリーとの共著「迫る中国との衝突」で，グレアム・アリソンのトゥキディデスの罠の，台頭する新興国と既存の覇権国は戦争に陥るとするという論理は誤りだとし，台頭する大国が，その国力のピークと衰退を認識したとき，賭けに出るとする。その例として，第 1 次世界大戦時のドイツと第 2 次世界大戦時の日本を挙げている。その上で，米中間には2020 年代に危機が訪れるが，それは，国力のピークを悟り，衰退を意識した北京が，無謀な軍事的賭けに出るからだとする。それは，尖閣や，フイリピンもあり得るが，それよりも台湾統一は共産中国の悲願であり，アメリカは，今後 10 年にわたるこの短中期的危機に備えなければならないとする（ブランズ・ベックリー 2023）。

　筆者は，アリソンのトゥキディデスの罠を誤りだとするのは異論がある，アメリカの最近の対中政策は，半導体摩擦が典型だが，アメリカが技術覇権阻止を意図しているのは明らかである。ただし，台頭の挑戦国が，その国力のピークを認識し，賭けに出るというのも理解できる。そしてこの両者がぶつかる台湾での危機が 2020 年代に来るというのは多くの識者が指摘するところである。

---

7)　習氏は，社会主義現代化強国，マルクス主義の中国化，共同富裕など，社会主義平等の理念が強い面があり，経済の論理と背反する。

このハル・ブランズの見識は，しかし，台湾危機以後の 2030 年代，2040 年代も米中対立が続くという指摘である。台湾での衝突ののちも，米国が陸軍を中国大陸に送るというシナリオは予定されない以上，共産党政権が生存する限り，国内を立て直し，米中衝突が長期にわたり継続する。アメリカはこれに備える必要があるとするが，日本も長期の備えが必要となる。

6. 国防力増強の日本

6-1 画期的国防 3 文書

日本政府は，2022 年末に画期的とされる「国家安全保障戦略」，「国家防衛戦略」，「防衛力整備計画」の国防 3 文書を策定した。国家安全保障戦略は，冒頭，「グローバリゼーションと相互依存のみによって国際社会の平和と発展は保証されない」と喝破するが，リベラリズムへの戒めである。ロシアの無法なウクライナ侵攻に触発され，アジアでの事態への備えを必要とする。防衛力の抜本的強化が必須だとした上で，外交力，防衛力，経済力，技術力，情報力を含む総合国力で対応する必要があるとする。

日本外交は，安倍前首相の下，大きく進展した。インド太平洋戦略がその典型だが，TPP はイギリスの加盟でヨーロッパに拡大し，QUAD もその成果である。国防力の充実は，外交力を支えるのみならず，最近の相次ぐ，日英，日豪，日印，日独などの 2 プラス 2 の枠組みを生む基礎となっている。

6-2 新しい戦い方——非対称戦略

3 文書は次に，脅威は，高い軍事能力を持つ国が侵略という意図を持ったとき発生するが，意図は変化し，把握が困難なので，相手の能力に着目して，抑止力を高める必要があるとする。中国，北朝鮮，ロシアの軍事力は日本にとって脅威だが，特に中国は，日本の 5 倍の軍事予算，米国を凌ぐミサイル力，海軍艦艇数世界一の能力を持つ。これに対応するには，非対称的な新しい戦い方が必要だとする。

今回の国家防衛戦略の目玉は，① 12 式誘導弾の射程延伸（約 1,000 キロ）な

どに見る長距離反撃能力の強化，② 無人機の整備，③ 弾薬・部品の充実・火薬庫強化などに見る継戦能力の強化，④ 戦闘指揮系統強化の常設統合司令部の創設だと考える。

これらを統合した新しい戦い方として，第 1 に，日本の防衛能力を以下のように強化する。① 日本への侵攻を遠距離から阻止・排除できるよう「スタンドオフによる反撃能力」と「統合防空ミサイル防衛能力」を強化する。② 抑止が敗れた場合は，① の能力に加えて，「無人アセット防衛能力」，「宇宙・サイバー・電磁波を融合し，水中，海上，空中領域を横断する作戦能力」，「指揮統制・情報関連機能」を高めて，非対称優位を確保する。同時に，③「持続性・強靭性」「機動展開能力」を高め，継戦能力を強化し，相手の侵攻意図を挫く。というものである。

以上の能力整備において，今後 5 年間の優先課題として，① 弾薬・燃料・部品の確保，防衛施設の強靭化など継戦能力を充実する。② 将来の中核のスタンド・オフ反撃能力や無人アセット能力などを強化する（中継ぎにアメリカからトマホーク 400 発を調達）。2023〜2027 年度の防衛力整備資金は 43 兆円程度になる。さらに，10 年後には日本侵攻を独自で排除する能力を整備する。

6-3　進む日米共同抑止

第 2 に日本の国防力の強化は日米同盟による共同抑止の強化につながる。米中の通常戦略が拮抗する中で，米国は海洋圧力戦略を強化しつつある[8]。中国の A2AD 脅威圏内である第 1 列島線に，中国の作戦を阻害するインサイダー部隊を配置し，時間を稼ぎ，本命の海空軍からなるアウトサイド部隊の攻撃を容易にするという戦略である。この度，創設された海兵隊沿岸連隊は第 1 列島即応部隊の性格を持つが，自衛隊がミサイルの射程を延伸し，反撃能力を高め

---

8)　米国戦略予算評価センター（CSBA）は Maritime Pressure Strategy（海洋圧力戦略）を 2019 年に提唱したが，現在，米軍の「インサイド・アウト」作戦構想として，採用されている。

る戦略は，米軍の戦略と軌を一にする[9]。2023年1月に行われた日米2プラス2の会議でもオースティン国防長官は大歓迎を示したというが，日本のスタンドオフ反撃能力も，アメリカ側の豊富な情報がなければ有効に作動し得ない点において，共同抑止の強化である。

　第3に，3文書の進めるインド太平洋諸国や欧州諸国との戦略的関係がこのところ急速に進んでいる。日豪・日英は物品役務提供相互協定まで結ぶ準同盟的関係に発展しているが，インド・フランス・ドイツとも，関係を深めている。アメリカを含めたこれら諸国との軍事演習が進展しているが，最近の圧巻はユン政権登場に伴う日韓関係の劇的修復であり，安全保障面の協力も進展しよう。

6-4　憲法改正による，より創意の国防戦略を

　以上，今回の3文書は明快に戦略の基本スタンスの転換と方向を明確に述べ，かつ，非対称戦略と武器体系を関連付けている点は，これまでの国家安全保障戦略，防衛大綱にない画期的な内容であり，米国をはじめ，海外でも高い評価を受けていると聞く。ただし，なお専守防衛の影が濃く，呪縛が残る。軍事戦略として，国家の生存のためには，原則としてあらゆる手段が許されるべきで，その中から卓越した国防戦略が出てくるはずである。特に，優勢な相手への非対称戦略では，相手が攻撃してきたときに，これを拒否するのみの戦略では，抑止の効果が薄い。何をするか分からないと思わせる懲罰的抑止を含んだ戦略が必要となる。

　今後ますます厳しくなる世界，東アジアの安全保障環境を考えると，憲法9条改正を早期に行い，日本の国防戦略を専守防衛の呪縛から解き，国家の生存に必要な，自由・創造的国防戦略をさらに発展させることが，改めて緊急，肝要な課題だとの感を深くする。

---

9)　デビッド・バーガー米海兵隊司令官は，海兵隊はこれまで中東などで陸軍の尖兵を務めてきたが，対中戦略では，インサイダーとして活動し，海軍本隊が，中国との戦いに参加できる尖兵となるとしている。

6-5　G7サミットと日本外交

　G7サミットは2023年5月19〜21日，広島で開催された。G7メンバーの他，オーストラリア，韓国，インド，インドネシア，ベトナム，ブラジル，クック太平洋島嶼代表，コロモ・アフリカに加え，ゼレンスキー・ウクライナ大統領が参加したが，日本外交の成果は大きかった。成果の第1は，法の支配による国際秩序の維持・強化で，特に，ロシアに対抗するウクライナ支持であるが，広島での核不使用宣言の意味は大きい。第2に，中国に対し，台湾海峡の平和の維持とともに，経済威圧への警告の意義は大きい。第3は，グローバルサウス諸国との連帯であるが，米欧，特にアメリカの人気は高くない。これに比べ，日本は，地道な協力で，ASEANやアフリカ開発会議諸国（TICAD）などに対し，接近しやすい面があることが示された。

　日本は2022年末，上記，防衛3文書を採択するとともに，安倍外交遺産とも言うべき，インド太平洋構想，日米豪印のQUADを活性化しているが，TPPへのイギリスの加盟の他，日英，日仏，日独，日印，日豪，日韓との外務・防衛の2プラス2会議発足により，多くの諸国との外交関係のさらなる展開がある。特に，摩擦の絶えなかった日韓関係の急速な改善・進展は刮目すべきである。

　川崎剛教授は，国家の大戦略は，「自分の属する陣営の国際的地位を強化し，さらに，その属する陣営の中での地位が向上するように行動すること」（川崎2019）だとする。日本のG7外交は「自分の属する西側の地位を強化し，かつ，日本の西側での地位を引き上げる」目標に通じる。

7.　おわりに

　以上のように，3年に及ぶコロナの猖獗は，世界の経済・社会・政治にいまなお深い影響を及ぼしているが，米中対立を先鋭化させた。ロシアのウクライナ侵攻は，このアメリカを中軸とした西側と，中露枢軸の対立に分岐している。ウクライナの反転攻勢がどのように展開するかによって事態は変わるが，ロシアの国力，国際的影響力の低下の中で，中国が主導する中露枢軸とアメリカの

主導する西側との対立が続く。

　アメリカでは，社会の分断が激化し，民主・共和両党の対立が激しいが，中国に関しては，超党派での対抗意識が強く，バイデン政権を越える強硬姿勢がある。また，中国も，習主席は3期目を迎え，アメリカは衰退過程であるとの意識を強め，ロシアを支援しながら，対米姿勢を強めている。このような国際情勢の中で，グローバルサウスと言われる諸国の影響の強まりが見られる。インド，インドネシア，ブラジル，トルコは，独自の路線を強めているが，アフリカ諸国の国連での影響力も強い。

　かかる状況で行われた広島でのG7サミットは，①ウクライナの支持とともに，ロシアなどの核使用を制約し，②中国の経済威圧などを指摘の上，③グローバルサウス諸国との関係改善を狙った。日本外交への評価を高めたが，東アジアでの安全保障環境の緊迫化の下，日本や韓国の国防力の増強が注目される。

参 考 文 献

川崎剛（2019）『大戦略論：国際秩序をめぐる戦いと日本』勁草書房

ブランズ，ハル・ベックリー，マイケル（2023）『デンジャー・ゾーン—迫る中国との衝突』（奥山真司訳）飛鳥新社

中小路葵（2020）「イタリア・コロナとルネッサンス」外国為替貿易研究会『国際金融』1332，2020年5月号

Pomfret, John and Matt Pottinger（2023）"Xi Jinping Says He Is Preparing China for War" *Foreign Affairs*, March 29, 2023

李暁（2019）「ドル体制の金融ロジックと権力」外国為替貿易研究会『国際金融』1322，2019年7月号

坂本正弘（2022）「ウクライナ戦と世界秩序の変動」外国貿易為替研究会『国際金融』1361，2022年10月号

第 4 章

ウクライナ戦争とヨーロッパの時代転換
——ドイツの "Zeitenwende" を中心に——

田 中 素 香

This is not only a war unleashed by Russia against Ukraine. This is a war on our energy, a war on our economy, a war on our values and a war on our future. This is about autocracy against democracy.
——フォン・デア・ライエン欧州委員会委員長の欧州議会での年次報告
（2022 年 9 月）より

1. はじめに

第 2 次世界大戦後 EU はポストモダンの平和システムの構築に成功したが，ウクライナ戦争によって時代の転換を迫られた。ヨーロッパの時代転換とはどのようなものなのか。EU は何を迫られており，「時代転換」の先行きをどう展望すべきなのか。ウクライナ戦争への EU の関わりを紹介し，「時代転換」の最初の 1 年の動向を見る。とりわけドイツの動きに注目して議論を進める。

2. ドイツの「時代転換」

2-1 ショルツ演説の時代認識

ウクライナ戦争はヨーロッパの時代認識を根本的に変えた。それを象徴的に示すのは，侵攻から 3 日後の 27 日，ドイツ議会でショルツ首相が行った「時代転換 "Zeitenwende"」の演説である。その概要を示しておこう。

1）ウクライナ戦争はロシア国民の戦争ではなく，プーチンの戦争である。ヨーロッパを武力で分割し固有の勢力圏にヨーロッパ大陸を分断するやり方であり，プーチンは19世紀に時計の針を戻した。国際法への明確な侵害であり，ロシアに対抗しなければ，ヨーロッパの長期的な安全保障は達成されない。他方，ドイツ国民とロシア国民の連携は将来あり得る。

2）ウクライナに武器を供与する。ロシア制裁がEU／G7で決定された。SWIFTからロシア大銀行を排除し，プーチンや側近，オリガルヒへの制裁を行う。

3）プーチンの戦争がウクライナ以外の諸国へ拡大するのを防がねばならない。NATOへの新加盟を支持し，ドイツ連邦軍の強化とリトアニア，ルーマニア，スロバキアへのその展開を強化し，北海・バルト海・地中海での海軍の展開，東欧でのミサイル防衛とドイツ空軍の強化を進める。

4）プーチンはロシア帝国の再建を望み，自らのヴィジョンに沿ってヨーロッパを再定義している。その脅威に対抗するためドイツ連邦軍の強化が必要で，一時的に1,000億ユーロ（14兆円）を当てる。国防費を2024年までにGDP比2％に引き上げる。サイバー攻撃・偽情報・インフラ攻撃・情報攻撃などにも対処する。米国戦闘機A-35を購入するが，次世代の戦闘機・戦車の開発はフランスと協力する。トルネード戦闘機は旧式化したので，更新する。

5）ドイツにLNG（液化天然ガス）基地を急いで2つ整備する。EUと協力して新エネルギー政策に切り替えていく。

　ショルツ首相の「時代転換」演説では連邦軍整備に1,000億ユーロ，国防費GDP比2％という軍事力強化に注目が集まった。西ドイツ時代にはNATOの最前線に位置しGDP比5％を防衛費につぎ込んだ年もあったのだが，冷戦終了直後にはNATO16カ国とワルシャワ条約14カ国のヨーロッパ通常戦力（CFE）条約——通常戦力（核兵器を除く）の削減と相互査察などを取り決め，1990年署名，1992年発効——など，ポスト冷戦期にふさわしい軍縮行動がとられた。

ドイツは平和裡に再統一へ進むことができ（西ドイツが東ドイツを合併），国民の間にロシアへの感謝の気持ちが広がり，1970 年ブラント首相が開始した東方政策（ソヴィエト連邦（以下，ソ連）と東欧との友好政策）の正しさが確認された形になった。

　ロシアはプーチン政権の 21 世紀に方針転換を徐々に進めていった。プーチンはソ連のスパイ機関 KGB の職員であったが，大統領就任後徐々に KGB 出身者を重用ポストに就けてプロスパイ支配のロシアに造り替えていった（ベルトン 2022）。他方，NATO は新たに EU に加盟した東欧諸国，後には EU 未加盟の西バルカン諸国等を加盟させて拡大したが，NATO 主要国はポスト冷戦期に兵員や装備を大きく削減していった。ドイツ連邦軍の兵員は 1990 年の 54 万人から 2021 年に 19 万人に減少，イギリス，ドイツ，フランス，イタリア，スペイン 5 カ国いずれも 30％以上の減員だったが，減少率はドイツ，イタリア両国が 65％と最大だった。ドイツ連邦軍は決定的に弱体化し，部品不足などで戦闘機や戦車は使いものにならない割合が高まり，兵員の待遇も劣悪化した[1]。

　西ドイツはブラント首相の社会民主党政権が 1970 年からソ連・東欧圏（旧東ドイツを含む）との友好政策（「東方政策」）を開始して政治的にも成功し（たとえば 1972 年に両ドイツは国連加盟），コール政権では東西両ドイツの統一を平和裡に成し遂げ，シュレーダー政権を経てメルケル政権まで 50 年以上にわたって，ソ連・ロシアからパイプライン経由の安価な天然ガス・原油を輸入して，ドイツの国際競争力の支柱とした。

　シュレーダー元首相はロシア最大のガスプロムの取締役会会長に就任し，北欧などの政治指導者を親ロシアへと動かした。メルケル首相は 2014 年ロシアのクリミア（ウクライナ領）占拠にもかかわらず，翌 2015 年ドイツ・ロシア直

---

1)　フィナンシャルタイムズなどによると，連邦軍保有のトルネード戦闘機 93 機のうち飛べるのは 27 機（2017 年），51 機のタイガー攻撃ヘリコプターのうち飛べるのは 9 機，レオパルト 2 戦車 244 両のうち 68 両のみ可動（西ドイツ時代は 2000 両保有もポスト冷戦期に輸出），プーマ歩兵戦闘車 350 両のうち 150 両のみ可動。総合的に，過去 30 年で，戦車類は 6,779 から 806 へ戦闘機と戦闘ヘリは 1,337 から 345 へ，弾薬類の備蓄も貧弱で，戦闘になれば，「8 日間以上もたない」，と言われていた。

通の天然ガスパイプライン「ノルトストリーム2」の設置にゴーサインを出したのである。ロシアからの化石燃料の輸入はポスト冷戦期に急増し，天然ガス輸入は2010年代後半には一時国内消費の約70%，20年も45%を占めた。安全保障や価値観を無視したロシア依存の「エネルギー重商主義」路線はウクライナ戦争で大打撃を受けた。

　ショルツ演説は，連邦軍と国防の強化を打ち出しただけでなく，「プーチンの戦争」の意味（勢力圏分割の帝国主義的性格），時代転換の必要性，NATOの強化，ドイツのエネルギー政策転換とグリーン化の強化など，包括的な認識を示し，まさにドイツの「時代転換」宣言となった。

　フィンランドとスウェーデンは2022年5月NATO加盟を申請，6月NATOは申請を受領した（批准には全加盟国の賛成が必要）。両国とも長期にわたって中立政策を堅持してきたが，ロシアの侵略を見て，国是を大転換した。国家にとって必要不可欠な最優先課題は，市民を侵略から守ることにある。「時代転換」は全ヨーロッパ規模で起きたのである。

2-2　プレモダン・モダン（近代）・ポストモダンからなる世界

　「プーチンの戦争」はポスト冷戦期のヨーロッパ全域での不戦体制を崩壊させた。1990年代に旧ユーゴスラビアの内戦はあったものの，「ヨーロッパで（国と国との）戦争はもう起きない」という常識は崩れて，「時代転換」となった。

　イギリスの聡明な外交官リチャード・クーパーの時代区分に関わる説明は奥が深く，「時代転換」を考える上で参考になる。第2次世界大戦後の冷戦時代は覇権国米ソが主導し，冷戦体制を構築して世界を2分した。共産主義イデオロギーと資本主義イデオロギーが衝突した時代であって，ほとんどの外交政策問題は，「われわれにとってよいことか」「彼らにとってよいことか」というただ1つの関連から見ることができた。世界は2分されていたが，1つの体制であった。だが，なぜ冷戦体制が必要だったのか。

　冷戦の震源地はドイツだった。開戦とともに北はノルウェーから南はギリシャまでほぼ全ヨーロッパを占領しソ連に攻め込んだドイツを東西に分割すること

が第 2 次世界大戦直後には問題解決の最善策のように思われた（米ソともにヨーロッパの安定とドイツ復活の阻止を望んでいた）。ドイツの分割を実行するにはヨーロッパの分割が必要であり，ドイツの分割を維持するには冷戦体制が必要だった，とクーパーは言う。したがって，冷戦が終了してドイツが再統一されるためには別種の安全保障システムが必要になる。その 1 つは NATO であり（条約的には CFE 条約），もう 1 つは EU 統合（とりわけ 1957 年の EEC 条約。そして EC／EU の諸機構と諸政策）だった。このようにクーパーは説明し，次のような歴史観を披瀝する。

　冷戦終結の 1989 年（ベルリンの壁崩壊もこの年）は，1789 年（フランス革命）よりも根底的であり，国民国家の時代のスタートとなったウェストファリア条約の 1688 年に匹敵する。そのとき，中世の超大国「神聖ローマ帝国」が崩壊し，国民国家の時代，ヨーロッパの戦争の時代（モダン）へと入っていった。米ソ冷戦時代はその最終段階であり，その「不自然な統一的ヴィジョン」が失われたポスト冷戦時代に世界は「統一性の欠けた国際システム」に転換した。

　その国際システムは 3 種類の地域からなる。プレモダン（破綻国家などの無政府的地域・カオス・無秩序）・モダン（近代国民国家）・ポストモダン（ヨーロッパで EU が苦労しつつ形成している諸国家の連邦），である。ポストモダンの EU ではヨーロッパ諸国はもはや戦争で物事を決着させるとは考えてもいない。1957 年のローマ条約の意義がひときわ大きかった。冷戦終結によりヨーロッパで終わったのは冷戦や第 2 次世界大戦でさえなく，3 世紀にわたる政治システム，つまり勢力均衡（バランスオブパワー）と帝国的本能であった[2]。

　ポストモダンに迫る危機について，クーパーは，2001 年 9 月 11 日にニューヨークを襲ったアルカイダの航空機テロのようなプレモダン地域（バルカン半島や地中海の彼方）から近づいてくる「カオスの侵入」を挙げている。そして，ヨーロッパはなんとかそれを食い止めるとしても，「ヨーロッパの大都市近郊や衰退しつつある産業都市に忍び寄るカオス」[3] に対処することははるかに難しいと指

---

2)　クーパー（2008）第一部による。
3)　クーパー前掲書，10 頁。欧米先進国で 2010 年代に燃え広がったポピュリズム運動

摘していた。

3. ウクライナ戦争と国としてのウクライナ

3-1 ウクライナ戦争の推移（概況）

現実に戻ろう。ウクライナ・ロシア間の武力紛争は2014年から継続している。ロシア軍のクリミア占領後，東部ドンバス地方でロシア軍の支援を受けた親ロシア派住民が，「ルハンスク人民共和国」，「ドネック人民共和国」を樹立，ロシア軍の介入によりウクライナ政府軍との武力紛争が続いていた。欧米はクリミア占領に制裁を科したが，やがてゆるんでしまう。たとえば，メルケル首相は翌2015年に独露直通の天然ガス海底パイプライン（ノルトストリーム2）の着工にゴーサインを出したのである。他方，プーチン政権は2014年の制裁を受けて「制裁に強い国作り」を進めてきた[4]。

その上で2022年2月22日に上記の2つの「人民共和国」を承認し（国連の参加国で承認はロシアのみ。7月に北朝鮮が承認），その防衛のためにロシア軍を派遣すると表明，さらに2月24日国境沿いのウクライナ東部・南部に一斉に侵攻した。ウクライナ侵攻当日のTV放送でプーチン大統領はウクライナの「非ネオナチ化」「非軍事化」を掲げた。同国を属国化ないし併合する方針であった。侵攻の動機については種々の説明がある。

①ロシアはNATOと対峙する前線をウクライナのポーランド国境（「カーゾン線」）に求めた，②ウクライナ東部・南部地域に所在する軍需企業（ICBM製造のユージュマーシュ，大型ジェットエンジン製造のモトールシーチなど）の確保を重視した，③ウクライナ国土の68％を占める肥沃な黒土層（チェルノゼム）の獲得（小麦，トウモロコシ，菜種油などの世界市場支配につながる）を狙った，などである[5]。そのすべてを狙っていたと見ることもできる。

を21世紀への転換時点で捉えており，慧眼と言える。
4) 溝端（2022）を参照。
5) カーゾン線については，マリウシュ（2022）を参照。なお，モトールシーチは中国企業が買収しようとしたが，2021年3月ウクライナ政府が阻止した。黒土層の指摘は本山（2022）による。

2022年3月末ロシア軍はウクライナ国土の28％を支配，欧州最大のザポリージャ原発も支配下に置いた。だが，「花束を持って迎えられる」はずの侵攻はウクライナ各地で住民の激しい抵抗に遭遇，7月末からウクライナ軍に押し返されて，2022年末の占領地域はウクライナ全土の17％に縮小した。その後2023年春まで膠着状況が続く。

　4つの局面があった。国境沿いなど少なくともウクライナの6州に侵攻して親ロシア政府の樹立を進めるとともに，電撃戦で首都キーウに傀儡政権を立ち上げ，ウクライナ全土を掌握しようとしたが，キーウ戦線でロシア戦車部隊が壊滅的打撃を受けて4月撤退に追い込まれた。ブチャの戦争犯罪の跡は生々しかった。戦争の第1局面だった。第2局面はドンバス地域（東部2州）での4月〜7月の消耗戦。大砲（ロケット砲を含む）数で10対1のロシア軍にウクライナ軍は拠点を粉砕されマリウポリは陥落，兵士が多数死亡し，士気も落ちた。第3局面は8〜11月前半まで。ウクライナ軍はハルキウ州を奪回，ドンバス2州に進出した。プーチンは9月末に30万人の予備兵徴集を発表（約70万人の若者が国外脱出），また東部・南部4州の併合を宣言，防衛を固めた。だが，ウクライナ軍は11月ドニプロ川西岸と州都ヘルソンを奪還した。

　冬期から2023年3月まで戦線膠着の第4局面が続く。ドネツク州バフムトなどで民間戦争会社ワグネルの進出を受けて局地戦は激化するが，1,300キロメートルに及ぶ戦線は膠着，ロシアはウクライナ全土の発電所・学校などインフラを集中的にミサイル攻撃し，ウクライナ国民を極寒状態に陥れて戦意喪失を狙った。だが，ウクライナ国民の抗戦意識は高い。ウクライナの今日の見方は，「ロシアはウクラナイ国家を破壊するという目標を変えていない。敗北は国の終わりを意味する以上，勝利まで戦う以外の選択肢はない」[6]。

3-2　国としてのウクライナ

　ウクライナは統一的な統治の難しい国である。1991年のソ連共和国の独立

---

6)　ウクライナのシンクタンク，新欧州センターのアリョーナ・ヘトマンチュク代表の発言（『日本経済新聞』2023年3月21日付）。

まで双方は同じ国（ソ連邦）だったので，関係は複雑だ。

　ロシア帝国が度重なる戦争を経て領土とした「ノヴォロシア（新ロシア）」が国の東部・南部である。1917 年のロシア革命後，レーニンのソ連政府が今日の領土を持つウクライナ共和国を設立した。クリミアは 1954 年ソ連政府によってロシア領からウクライナ領に振り替えられたが，ソ連の保養地として利用されてきた。ドンバス地域は世界有数のドンバス炭田を基礎に工業が発展し，ソ連時代は屈指の重化学工業地帯だった。ロシア人の技術者や労働者が多数居住していたので，独立後もウクライナ東部と南部にはロシア系住民の居住割合が高い。2001 年の国勢調査では，ドンバス 2 州とも 39%（ネイティブ言語がロシア語の住民を「ロシア系」とする），ハルキウ，南部のザポリージャ・オデーサの 3 州でもロシア系住民の割合は 20% 台だった[7]。

　ロシア人とウクライナ人は民族的に同じ東スラブ人である（ベラルーシも同じ）。だが，長い対立の歴史も抱える[8]。2010 年の大統領選挙では，東部・南部の 9 つの州（クリミアを含む）すべてで親ロシア派ヤヌコビッチ候補の得票率は 50% 超（ドンバス 2 州とクリミアでは 75% 以上）だった。反対に，ウクライナ中部 9 州とキーウ市，西部 7 州では親欧米派ティモシェンコ候補の得票率はすべてで 50% 超，ポーランド国境に近い 5 州では 75% 以上だった[9]。このように政治は東部・南部と西部・中部に分断され，政党も東西で対立，「ネオナチ」，「モスクワの手先」と相手を攻撃するという。

　Financial Times が 2022 年春に示したウクライナの 2 つの世論調査は興味深い。1 つは 2021 年 7 月時点の公共機関に対する国民の信頼度を示す。ゼレンスキー大統領を「信頼する」はわずか 20%・「信頼しない」が約 50%，議会・政府・

---

7)　岩間（2015）のデータの小数点 1 位を四捨五入した。

8)　服部・原田編者（2018），黒川（2002），また，藤井・ポメンコ（2005），藤井訳（2023）も参照。

9)　数値は岩間（2015）提供の資料の小数点第 1 位を四捨五入した。なお，ポーランドとウクライナの連携などに活用される都市リビウを含むウクライナ西部は 1939 年の独ソによるポーランド分割でスターリンがウクライナ領にして戦後も返還しなかった地域である。

図 4-1　ウクライナ国民の公共機関への信頼度
— 2021 年 7 月世論調査「次をどの程度信頼しますか？」への回答

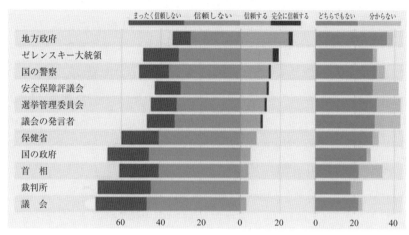

（出所）Financial Times.

裁判所を「信頼する」は 10 ％以下・「信頼しない」が 70 ％近かった（図 4-1）。
上述した 2001 年の大統領選挙の投票率と併せてみると，ウクライナは統治の
非常に難しい国であることが分かる。先のクーパーの 3 分類では，「ウクライ
ナ的カオス」という印象も受ける。オリガルヒ（新興財閥）の悪影響も大きかっ
た。だが，大統領選挙などはきちんと行われ市民の反対運動も生きている。

　この「公共」「公共機関」に対するウクライナ国民の圧倒的に低い信頼度は
ウクライナ戦争により転換を始めているようだ。ゼレンスキー大統領は 2023
年初めには圧倒的多数の国民の信頼を得て，ウクライナ第 1 の英雄とされる国
民的詩人シェフチェンコ（多くの街に銅像）に次ぐ「ウクライナ第 2 の英雄」に
なったとの指摘もある。

　第 2 の世論調査は「ウクライナ独立への信念」をウクライナ国民に問うもの
だが，その「信念」への支持率は 2012・2013 年 60 ％台，クリミア占領・ドン
バス内戦開始の 2014 年から 70 ％台へ，2019・2020 年は 80 ％台に高まった。「花
束で歓迎」と説明を受け侵攻したロシア軍は各地でウクライナ民衆の激しい反
発にあい戸惑った。

経済を見ると，ロシアは独立後1990年代にはマイナス成長が続いて惨めだっ
たが，プーチン就任の2000年から化石燃料の価格上昇とともにGDPは成長し，
ピークの2013年には2000年比でGDPは8倍（ドル表示）になった。21世紀
のロシア経済や財政は原油価格の上下動の影響が大きかった。他方，ウクライ
ナの1990年代のマイナス経済成長はロシアより悪く，21世紀に入ってプラス
成長になったが，リーマン危機とクリミア占領で中断し，国のGDPは2019年
でも独立した1991年比で7割程度しかない。同期間に人口は約1,000万人減
少した。移民が増え，侵攻前に200万人近くがポーランド在住だった。その隣
国ポーランドはEU加盟に支えられて国民1人当たりGDPは同じ期間に約3
倍に拡大した。ウクライナ国民のEU志向の強まりを理解できる。

　EUとウクライナはDCFTA（高度で包括的な自由貿易協定）をその一部とする
連合協定に2014年調印，2017年に発効させた。ウクライナの貿易・経済は
EU依存を高めている。2019年ウクライナ輸出に占めるロシアのシェアは7%
に低下（2012年26%），EUは42%，輸入ではEU41%，ロシア7%（2012年
32%），である[10]。国別ではウクライナ最大の貿易相手国は中国で，貿易拡大へ
の意欲は今日なお双方ともに強い。

4. EUのロシア経済制裁とウクライナ支援

4-1　ロシアへの経済制裁

　EUの出発点は1950年代初めの仏独不戦共同体ECSCであり，欧州不戦は
ポストモダンEUの基盤である。ロシアの侵攻は国連憲章に違反し，EUの基
本的価値を蹂躙する。EUはG7などとともに制裁に乗り出した。制裁は多岐
にわたる[11]。

　1）金融制裁——①ロシア中央銀行・大手銀行のドル決済を原則禁止，②国
　　際決済ネットワークSWIFT（国際銀行間通信協会）からロシア大手銀行を排

10）服部（2021）。
11）EUのロシア制裁の詳細はEuropean Commissionの継続的な報告を参照。本章では
　　ごく概要のみを記す。

除（EU は天然ガス・石油などの代金支払いを念頭に最大手ズベルバンク，ガスプ
ロムバンクなどを制裁から除外。第 6 次制裁でズベルバンクを制裁対象に加えた）。

2)　資産凍結──① ロシア中央銀行，大手銀行の資産凍結（例外も），② プー
チンほか一部の政治家・官僚とオリガルヒ（新興財閥）の資産凍結や入国
禁止。

3)　先端技術品などの対ロシア輸出禁止──半導体，同製品，工作機械など。
米国は 2 次制裁も（ロシアの軍事行動を支援した世界中の企業へ米製品・技術の
輸出を禁止。かなり多数の中国企業に対して複数回発動された）。

4)　ロシア産品の輸入禁止──石炭・石油・天然ガス，木材その他。

5)　最恵国待遇取り消し── WTO ルール停止（関税引き上げ）。

6)　ロシア航空機の EU・G7 空域への乗り入れを禁止（ロシアは同様の対抗措置）。

　これら経済制裁の主な目的は，ロシアの戦争継続能力の削減である。①ドル・
ユーロ獲得を抑え，ロシアの輸入能力を削減し資本市場の機能を低下させる，
②半導体はじめ工作機械など先端技術品の取得を制限し，生産能力低下・部品
不足などで武器生産や経済活動を困難化する，③化石燃料収入に 4～5 割を依
存するロシア連邦財政の収入を抑制し戦争遂行能力を引き下げる，④経済状態
悪化によりロシア国民の反戦・反政府意識を高める，などだった。
　その効果については後述するとして，EU の制裁に限って言えば，問題も大
きかった。
　アメリカ，カナダ，オーストラリアなど資源大国は短期間でこれらの制裁を
実施したが，EU は天然ガス輸入の 45％をロシアに頼り，石油（原油と石油製品）
と石炭も依存する。直ちに輸入を禁止すれば EU 経済が止まる。そこで，第 1 に，
金融制裁は大銀行に限定され，しかも最大のズベルバンク，ガスプロムバンク
を除外した。中小銀行は対象にならない。西欧大銀行のモスクワ支店との取引
に規制はかかっていない。ドル・ユーロはしたがってロシアに種々のルートを
通じて供給されたのである。第 2 に，制裁の発動までに準備の時間を確保した。
ロシア石炭の禁輸は 2022 年 4 月決定 8 月実施，石油禁輸は第 6 次制裁で 6 月

初めに決定し，制裁の開始は原油 12 月，石油製品は 2023 年 2 月 5 日だった。ロシアから積み出す原油・石油製品には上限価格を設定してロシアの収入を抑制する（G7 と協調しロンドンの再保険機能を活用）。ロシアは急遽調達した中古タンカーで「影の船団」を組んだが限界がある。

　EU の原油禁輸措置は海上輸送分のみ（輸入の約 90％）でロシアからパイプラインで輸入する東欧諸国（ハンガリー，チェコ，スロバキア）は禁輸対象外とした。ロシアへの依存度の高い天然ガスの制裁時期は未定だったが，ロシア側が逆に禁輸措置をとり，「武器化」した（後述）。EU の制裁は 2023 年 2 月第 12 次の発動となった。ロシアのオリガルヒや政治家などは問題が明らかになり次第逐次制裁の対象になった。たとえばオリガルヒのロンドン預金の引き下ろしなども制裁対象となった。

　EU のロシア制裁は共通外交・安全保障政策の発動による。欧州議会の過半数の賛成と加盟 27 カ国の全会一致が必要だ。ハンガリーのオルバン政権は親ロシア路線をとり，独自の外交交渉でロシアに供給を懇願する。ウクライナ戦争を「スラブ民族同士の内輪もめでハンガリーとは無関係」と位置付けてEU・NATO のウクライナ支援行動の自国領土利用を拒否，EU 共同の支援措置（軍事支援はとりわけ）をたびたびブロックする。加盟国の全会一致制のためハンガリーの賛成は不可欠で，EU の支援実施は遅延する。EU はハンガリーへの一部譲歩などを繰り返し，時間をかけて制裁に賛成させている。

4-2　経済制裁の効果について

　これら制裁の効果は 2023 年初めまでにどのように現れているのか。

　ロシアに予想外のダメージを与えたのは，民間企業の行動だった。欧米日などの多数の在ロシア企業が撤退・生産停止へ動いた。ロシアには侵攻当時約 3,000 社余りが操業・営業していたが，2022 年夏時点までに，撤退・生産停止は半数ないし 3 割ほどと言われる（その後も数は漸増），ほとんど欧米日の企業であった。石油や天然ガスの生産から欧米大企業（BP，シェル，エクソンモービルなど）が撤退し，ロシアの新規開発は不可能に。ただ，原油価格暴騰により

エネルギー大企業は巨額の利潤を得ていて，課税の問題が残る。日欧企業の撤退・生産停止によりロシアの自動車生産は大打撃を受け，2022 年 7 月時点で侵攻前の 10％ほどに生産は落ち込んだ（同程度のダメージは領空乗り入れ禁止措置を受けた航空運輸にもあった）。他方，旧ソ連の共和国（CIS 諸国）・中国・中立国の在ロシア企業は操業を続けた[12]。中国企業は夏以降現地生産を多くの部門で伸ばした。

　G7・EU の制裁の効果はどうだったのか。ルーブルの対ドル相場は戦争初期の暴落から回復し強含みを続けたので「金融制裁は無効」との評価もあるが，自由な外貨取引は禁止され，為替相場は指標にならない。ただ，金融制裁の効果は当初の期待ほどではなかった。アメリカ，カナダ，オーストラリアなど資源国はロシアの資源輸入の禁止を直ちに実施できるが，上述したように，EU はそうはいかない。また，戦争により資源価格が急騰する中で，ロシア原油（ウラル）は北海ブレント価格から 3 割以上の割引価格で取引されたが，インド，中国，トルコなどが輸入を増やした。とりわけインド企業はロシア原油を輸入し精製して軽油などを欧米でも売りまくった（輸入額の膨張は価格高騰によるもので量的には例年なみとの報告もある）。これら原油・石油製品貿易の新ルート形成によりロシアへのダメージは軽減された。またサウジアラビアを中軸とする石油カルテル OPEC にロシアが加わった OPEC プラスが原油価格をコントロールした。これらによりロシアの石油輸出代金は大きく増え，貿易収支・経常収支の黒字は 2022 年にロシア独立後最大（経常収支は 2,400 億ドル），2023 年も大幅黒字の予想だ（図 4-2）。

　インド・ロシア間の貿易額は前年比 3.4 倍（1～11 月），トルコにはロシア企業が進出して輸入し，同国経由の対ロシア輸出を増やした。2022 年対ロシア輸出額は前年比 5 割増し。中国は欧米諸国禁輸の集積回路を大量に輸出，原油輸入増大と併せて，対ロシアの貿易額は前年比 3 割増え，ロシア経済を支える重要な役割を果たしている。これら 3 カ国および EU 日韓の対ロシア輸出は

---

12)　EU のロシア制裁（2022 年夏まで）の記録と分析は，Demertzis et al.（2022）による。

図 4-2　ロシアの経常収支 2015－2023

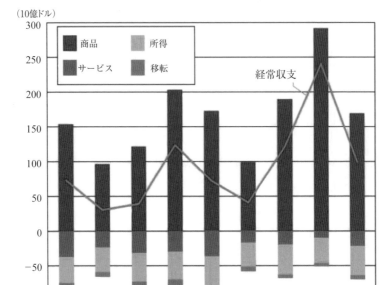

（出所）Demertzis et al.（2022）, Figure 5.

2022 年 3〜4 月までドル決済閉め出しへの警戒などで急減したが，その後いず
れも回復に向かった。ロシアは並行輸入を活用した。それでも，2022 年 1〜11
月に EU の対ロシア輸出額は前年同期比 37％減，日本も 31％減だった。

　家電品や半導体については迂回貿易をロシアは利用した。カザフスタンやア
ルメニアなど旧ソ連諸国に企業を設立するなどして，EU から冷蔵庫や洗濯機
を輸入し，ロシアへ輸出させる（カザフスタンのロシア国境地帯には非常に多くの
ロシア人が居住）。2022 年 1〜11 月にカザフスタンからロシアへの洗濯機・冷蔵
庫の輸出額は前年比 4.6 万倍・20 倍だった（『日本経済新聞』2023 年 2 月 16 日付）。
そこから半導体を抜き取ってミサイルに使用するという情報もある。

　原油，天然ガスともに世界市場価格のピークは 8 月で，とりわけ天然ガス価
格は暴騰した。パイプラインによる対独直接供給（ノルトストリーム 1）は同月

末に完全に停止し，ドイツとつながるオーストリアなどにも価格暴騰は波及した[13]。EU 全体が一時的に化石燃料価格暴騰パニックに陥ったが，ゼロコロナ政策で 2022 年の経済成長率が 3％台に落ち込んだ中国が天然ガス（LNG）輸入を抑制し，中国向けの LNG 船が EU へと向かい，年末にかけて EU はガス備蓄を確保，年末には天然ガスと原油の世界市場価格は戦前水準に下落し，EU の 2023 年の GDP 成長率予想は上方修正された。

　ロシア連邦財政は悪化した。当初 1.3 兆ルーブルの黒字を想定していたが，現実には 3.3 兆ルーブル（約 6.2 兆円），GDP 比 23％の赤字となった。軍事費と社会保障費（失業者手当や所得補償など）が急増し，2022 年 6 月から赤字化し，12 月から膨大化した。EU のロシア天然資源依存削減の決意は固く，原油に続き石油製品の禁輸が 2023 年 2 月に実施された。再生エネ化も加速する方針だ。2023 年のロシア財政は赤信号とされるが，1・2 月の原油輸出は減少していない。

　ロシアで生産が急減した自動車部門では日産の工場をアフトワーズが引き継ぎ，中国企業も戻っており，2023 年に向けて回復の可能性もある。2022 年の GDP 下落は 2％程度と比較的小さかった（リーマン危機翌年は 7.8％減）。ただ，GDP は軍需品の生産急増でかさ上げされている。インフレ率は約 15％である。

　西側の制裁は，上述したように，2022 年末から 2 月にかけてさらに強化された。2023 年 1 月北海ブレント原油がバレル約 85 ドルのとき，ロシアのウラルは約 49 ドルだった。効果は徐々に出てくると予想されている。制裁の効果はやや長い目で見て評価する必要がありそうだ。

4-3　ウクライナ支援の特徴と若干の展望

　EU・G7 など西側はウクライナ支援に積極的だ。ウクライナは単独で対ロシア戦争を続ける軍事力・経済力を持たない。軍事・人道・金融の 3 分野で支援は不可欠だ。EU は 2022 年 6 月にウクライナを EU 加盟候補国に決めた。加盟

13）　ただし，オーストリアにつながるトルコストリームとポーランド経由のヤマル，ウクライナ経由のパイプラインは稼働しており，秋以降同国などへのロシア天然ガスの輸入は続いている。

には 10 年以上かかるとしても，すでに「EU ファミリーの一員」と呼び，厚遇するようになった。

　ウクライナ支援はドイツのキール世界経済研究所のデータでは，2022 年 1 月 24 日～2023 年 1 月 15 日までの約 1 年間に，アメリカ 731 億ユーロ（約 10 兆円），EU 機関 303 億ユーロ（EU 加盟国を合わせると 549 億ユーロ），イギリス約 100 億ユーロである。EU は「欧州平和ファシリティ」により軍事援助も実施している（EU 加盟国がこれまで GDP 比 0.2～0.3％を EU に拠出して EU 基金として支援）。ポーランドや中・東欧諸国（ハンガリーを除く）を主導力として EU はウクライナ支援の基盤となっており，EU なしでは戦争は続けられない。「ウクライナ戦争はヨーロッパ戦争である」と言われる通りである[14]。

　軍事援助では 443 億ユーロのアメリカが突出するが，それは約束額であり，内容の判明した軍事支援の実施額は約束額の半分に満たない。軍事援助はアメリカ，イギリス，ドイツ，ポーランドの順でフランスは小さい。日本はほぼ金融援助のみ，GDP ではアメリカ，EU に次いで 3 位だが金額は 10 位である。アメリカ，イギリス，ドイツ，ポーランドはウクライナ軍の訓練も実施している。GDP 比ではバルト 3 国，中・東欧諸国が上位だ。EU を含めた西側諸国の支援合計額は 5 月まで大きく増えたが，以後の伸びは小さくなり，キール研究所も「支援疲れ」を懸念する。なお，2022 年 10 月 EU 首脳会議はウクライナに 2023 年 180 億ユーロ（約 2.7 兆円）を支援する方針で合意した。

　兵器類の支援は圧倒的にアメリカで，ウクライナ戦争はアメリカ・ロシア戦争の一面を持つ。だがウクライナ政府の「重火器」支援要請に 2022 年夏までに戦闘戦車の提供で応えたのはポーランドをはじめ中・東欧諸国だけであった（ソ連製 T72 合計約 370 両）。ウクライナ軍はハルキウ工場製の旧型ソ連製 T64 を保有する。ロシアは T90 や最新型の T14 も使っている。ついでながら，1 年間の戦争でロシアの新型戦車 1,000 両が破壊されたが，なお新型 1,400 両・旧型 700 両が残る。ウクライナ軍は旧ソ連製戦車の弾丸を撃ちつくしたとも言われる。

---

14)　鶴岡（2023）。

　西側では 2023 年 1 月イギリスが戦闘戦車チャレンジャー 2 の供与を決めた。ドイツ製レオパルト 2 は，冷戦終結後ドイツの大量輸出もありヨーロッパ 13 カ国が合計 2,000 両以上を保有する。247 両保有のポーランドやバルト 3 国は 1 月に供与の意向を示したが，ドイツ・ショルツ首相の許可が必要だった。ショルツ首相は回答を引き延ばし，アメリカが主力エイブラムス戦車の供与を約束すると，1 月 24 日ようやく供与と他国への許可を決めた。ロシアに交戦国と見られるのを恐れていたという。約束後にはドイツ的律儀さでウクライナ軍の訓練を行い，3 月下旬に 18 両を引き渡した。2 月には旧型レオパルト 1 を 178 両引き渡すと発表した。

　アメリカのハードパワーの支援がなければ，ウクライナは今ロシア領になっていたかもしれない。とはいえ，アメリカの軍事支援は防衛型である。戦闘戦車・戦闘機・長射程のミサイル（ロシア領に届く）など積極的な攻撃兵器は渡していない。エイブラムス供与も日程等は不明で，ドイツを動かせばよかったのかもしれない。ジェット戦闘機はポーランドがソ連製ミグ 27 の供与を決め，イギリスもユーロファイターを供与する意向だが，アメリカ・ドイツはまだ決めていない。これではウクライナ東・南部 4 州の奪還は困難だろう。ロシアによる併合が既成事実化しかねない。

　ウクライナ戦争はロシアの国際法違反の不法な侵攻によるものであり，都市部インフラ・住宅へのミサイル攻撃を止めさせ，かつ 2022 年 2 月 24 日以前のラインまでロシア軍を後退させる，という 2 点が基本である。そのことにバイデン政権はどこまで本気なのだろうか。現状黙認なら，中国政府が 2023 年 2 月に示した 12 項目の「現状和平」案と本質的に違わないのではないか[15]。東・

15）　習近平政権の 12 項目は国連憲章を掲げているが，それを踏みにじったロシアを批判することはなく，ロシア・ウクライナが「できるだけ早く直接対話を再開」と，現状での講和を推奨する。バイデン政権の防衛型対応が続けば東・南 4 州は前線膠着のまま戦争は長期化し，やがて講和せざるを得なくなるのではないか。中国は「即刻」，アメリカは「後で」とタイミングの違いだけである。なお，ウクライナがジェット戦闘機を求めるのは，ロシア軍の本格反攻に備え，また戦車戦には空からの支援が不可欠，などの理由からである。

南4州とクリミアの奪還を方針とするゼレンスキー政府の方針とアメリカの防衛型対応は根本で食い違っているように見える。ウクライナの死傷者は軍と市民双方で増えるばかりである。

5. EU と加盟国の「時代転換」の初期段階

5-1 ロシアによるエネルギーの「武器化」と EU の対応

プーチン政権は制裁に強い国作りを 2014 年から推進し，十分に準備をした上で開戦した。プーチンはロシアの世界経済への影響を見据えていたように思われる。ウクライナを支配下に置けば穀物の世界市場支配を狙うことができる，OPEC プラスによる原油の世界価格への影響力，天然ガス消費の約半分をロシアに頼る EU への攻撃と切り崩し，などである。

EU 個別国への天然ガスを通じる攻撃は「ルーブル払い」を求めた4月に始まるが，EU 攻撃の本格化は「ノルトストリーム1」を通じるドイツへの供給削減で，7月に始まり8月末に供給を完全に遮断した。天然ガス価格は急騰し工場・家庭の電気料金に跳ね返り，EU 諸国のインフレを激化させた。生活苦などを背景に EU 諸国の分断をはかり，また制裁反対の世論を高めて，EU の制裁を無力化する狙いだった。ドイツをはじめ EU 諸国はパニック状態に陥ったが，ガス消費削減・新供給国開発・財政支援などで対応した。

ロシアのガス「武器化」の影響は東欧諸国で最大だった。ガスや原油をパイプラインで大規模に受け取り，ロシアへのエネルギー依存度はきわめて高い。バルト3国の 2022 年秋のインフレ率は 20％，中・東欧諸国でも 15％ 近傍になった。だが，ロシアが戦争に勝てば，自国が次の侵略の標的になりかねない。ソ連の併合や支配，その以前から国の分割や併合など被支配の長い歴史がある。難民受け入れを含めてウクライナ支援は力の限り実施し，ウクライナへの軍事支援でも最も積極的で（ハンガリーのみ例外），EU の「主戦派」の立場を変えることはなかった。

フランス，ドイツ，イタリア3国は伝統的に，ロシア EU 間の良好な関係を歓迎し，ポスト冷戦時代には，ソ連時代から引き継いで，豊富安価なロシアの

自然エネルギーが欧州繁栄の基盤になると考えてきた。見返りにヨーロッパが資金・技術・経済力でロシアを支援すれば，「共存共栄」である。ウクライナ侵攻後にもマクロン大統領は「ロシアを辱めてはならない」と発言し，中・東欧諸国の非難を浴びつつも，直接にまた電話でプーチンに早期停戦を説いた。ショルツ首相も電話で説得した。だが，無駄だった。

　EU の西欧・南欧と東欧バルト諸国とのこうした対立は歴史に根ざしているだけに変わることはないだろう。だが，これまで EU 政策の主流だったフランス，ドイツに対して東欧バルト諸国の立場が強まり，今や「西側」の主戦派として EU をリードする場面も増えた。フィンランド・スウェーデンの NATO 加盟申請（2022 年 5 月）と併せてヨーロッパの「時代転換」の特徴の 1 つと言える。

5-2　ドイツの「時代転換」──1 年後

　ロシアの化石燃料武器化はとりわけドイツに厳しかった。安全保障や価値観を無視してロシア依存を深めたのはドイツの「エネルギー重商主義」の誤りと今では批判されるのだが，歴代のドイツ政権は「貿易でソ連（ロシア）の考えを変える（Wandel durch Handel）」というスローガンの下に，ロシアの安価なエネルギーを国際競争力の基盤の 1 つに取り込んで，ロシア依存を強めていったのである。燃料・食糧が押し上げたインフレ率はドイツでもユーロ圏でも 10 月には 2 桁となり，リセッションが予想された。ドイツの「時代転換」は「帝国主義」となったロシアに対抗するためのコンセプトだったのだが，ドイツに厳しく跳ね返った。身を切りながらの「時代転換」にドイツの方が追い込まれたのである。

　独政府は石炭火力発電や原発稼働延期など，メルケル政権時代の公約に違反せざるを得なかった。ガス依存度の高い企業や家庭は困窮しており，ドイツ政府は 2,000 億ユーロの補助金を決めて支えている。また LNG 備蓄設備の整備を急ぐ（年末に 1 基完成）。だが，化学最大手 BASF の CEO はガス価格上昇で競争できなくなるのでドイツ・EU から撤退を進めると宣言し，中国に 100 億ユーロ（1 兆 4,000 億円）の巨大投資を進めている。天然ガス依存の産業部門は窯業

などほかにもあり，先行きが懸念される。ドイツの経済的苦境も深まっていく。

　ロシア化石燃料からの自立は EU 全体の課題である。2022 年 3 月「リパワー EU（REPowerEU））計画を発表して，EU は① 再生エネ移行を加速，② 省エネ，③ エネ供給の多角化（水素，バイオメタンなど）を進める。また，ガス共同調達（産ガス国との交渉力強化），ガス備蓄義務付けなど，EU は統制力を強めている。国民 1 人当たり炭酸ガス発生量の多い国への関税措置（CBAM）の発動なども グリーン化の財源となるので，新興国と EU の貿易摩擦も増えそうだ。

　ドイツのもう 1 つの重商主義は中国に対する「市場重商主義」である。1990 年のドイツ再統一後長期間「欧州の病人」と言われた苦境をドイツは新興国，体制転換のロシア，とりわけ中国への輸出急増により克服した。その後も増加 は続き，メルケル時代 16 年間に対中貿易額は 3 倍に急増し，2021 年の貿易赤字は 400 億ユーロと膨大化した。中国に進出したドイツ企業は 7,000 社となり，ドイツ大企業の不可欠の GVC（グローバル・サプライチェーン）を形成する。だが，台湾有事の懸念などインド太平洋を見て，ドイツは今や中国に「要注意」のレッテルを貼ろうとしている[16]。だが 6 年続きで貿易相手国第 1 位の中国への対応 は困難な課題であり続けることになろう。

　中国・ロシアに対する 2 つの重商主義のつけが回り，ドイツ産業の苦難は将来にわたって続きそうだ。EU の経済面での盟主ドイツの苦境は EU 経済に暗い影を落とす。他方で，資源大国アメリカの競争的な地位は世界的に見て上昇する。EU の産業政策の重要性はひときわ高まる。

　ショルツ首相の「時代転換」演説から 1 年余り，安全保障・軍事面の「時代転換」は進まなかった。首相は演説の時点ではロシアが短期間でウクライナを占領し，戦争がドイツに及びかねないと危機感を持っていたが，キーウ攻略が失敗し戦線が膠着すると，切迫感を失って，ウクライナ支援にも消極的になった，という指摘もある。だが，ナチスドイツの負の遺産ゆえに，とりわけポス

16）　3 月には政府の中国政策が発表される。ベアボック外相の外務省の中国評価は厳しく，ショルツ首相との間で表現を巡るやりとりが続いている。最近のドイツ中国関係については，田中（2022）を参照。

ト冷戦期には軍事に消極的に対応してきたこの国の伝統・国民感情もある。この 1 年について言えば，SPD（社会民主党）左派のクリスティーネ・ランブレヒト前国防大臣の責任が大きい。閣僚の男女比率から就任が決まったというのだから，ドイツ政府が連邦軍をどれほど軽視していたかがよく分かる。

　反戦平和主義のランブレヒト国防相は連邦軍の強化やウクライナ軍事支援にまったく関心がなく，1,000 億ユーロは生かされず，国民の不満は高まり，2023 年 3 月に辞任した。ニーダーザクセン州ピストリウス内相が国防大臣に就任してからようやくプロジェクトは動き出した。連邦軍の強化，リトアニア派遣の連邦軍の装備強化（パトリオット迎撃ミサイル 4 基装備など），そしてウクライナへの軍事支援も本格化した。戦闘機の供与は「協議していない」と新国防相は述べている。

　ドイツとロシアの関係は歴史的に長くかつ大きい。ドイツ人のロシア帝国への大規模移住は有名だが，ロシアからドイツへの移住も多く，今日ドイツ在住のロシア人は 220 万人，親プーチン・グループが存在し，旧東独を地盤とする極右政党 AfD（ドイツのための選択肢党）とともにケルンなどで親ロシア・反制裁デモを繰り広げている。だが，独国民のウクライナ支持は強固である。ただし，ロシアとの戦争を恐れる世論も根強く，レオパルト 2 供与を巡る世論調査では賛成がわずかに上回る程度だった。それでも，戦争以前と比較すると，ドイツの国民意識は「転換」したということができる。

5-3　ポストモダンのモダン化——国際関係・世界経済のパラダイム転換

　2 節で見たように，クーパーは「ポストモダン」EU に新しい世界史的発展を見ていた。ポストモダンに不可欠の特徴は，国家間に対立があっても協議を重ねて平和裡に解決し，「戦争をしない」ということである。EU によりその体制が定着した。ただ，2-2 で指摘したように，クーパーはポストモダン世界への「プレモダン」の侵入を警戒していた。

　2010 年代から今日までをクーパー的視角から見てみると，いくつかの新しい特徴を指摘できる。第 1 にポピュリズム運動とそれに伴う「カオス」化，第

2に世界経済における「モダン（国民国家）」次元の角逐の顕在化，第3にポストモダンのモダン化，である。

　ポピュリズム運動は2016年の英国のEU離脱国民投票で勝利し，ポピュリズムのトランプ政権の成立にはずみをつけた[17]。弱体化していた世界経済における自由・無差別・多国間主義はトランプ政権の一国主義により機能しなくなり，「カオス」化が進んだ。米国内部も民主政治の危機に陥り，バイデン政権でようやく食い止められているが，政治面のポピュリズム危機は持続している。

　第2は新冷戦の開始と言われた2018年の米中「貿易戦争」以降の米中対立の激化が中心的なテーマであり，世界経済の新パラダイムともなった[18]。だが，ヨーロッパの戦争，グローバルサウスなど，米中対立とは別次元の重要問題が浮上しており，ウクライナ戦争以降も米中対立を国際関係・世界経済のパラダイムとして維持できるかが問われている。しかしここでは指摘のみにとどめざるを得ない。

　第3はEUに関わる。ポストモダンのEUからの英国の離脱Brexitは「主権の回復」をスローガンにしており，ポストモダンのEUを離脱してモダンに復帰する運動だったと言える。だが，英国経済は離脱で苦境に陥り，「離脱は間違いだった」が世論調査で60％を占める。スナク政権はEUとの関係修復に動いている。EU域内のポストモダン体制は揺らがなかったし，イギリスもその体制に包摂されることになろう。ポピュリズム政権はその後イタリアでも成立したが，EU離脱を志向しておらず，EUのポストモダン体制の中で中道化する可能性が高い。

　問題はEUの対外関係である。リスボン条約のEU条約は共通外交・防衛政

17)　EUのポピュリズム運動に関する筆者の見解は，田中（2020）とその参考文献欄に掲載した拙稿を参照していただきたい。

18)　大橋英夫（2020）。大橋は，コロナパンデミックは生活様式や働き方に劇的な変化をもたらしたが，国際関係・世界経済にパラダイム転換を迫るような衝撃とは言い難いと述べている（10頁）。その指摘に筆者は賛成である。大橋は，「トゥキディデスの罠」と言われるほどに激化した米中関係・米中対立を「パラダイム」として掲げた。今日の課題は，ウクライナ戦争勃発後もそのパラダイムを持続できるか，にある。

策をとり決めているが，ウクライナ戦争によってその強化が不可避になった。加盟国の「時代転換」に合わせて EU も，ロシア・中国を念頭にモダン化を強めざるを得ない（エネルギー政策の共同化，安全保障体制・軍事力の強化など）。2022 年 3 月に EU 首脳会議が採択した「EU 戦略コンパス」は EU が安全保障・防衛面で強力なアクターとなるための多方面の作業と EU・NATO の安保・防衛協力を定めている[19]。その実行はこれからの EU の大きな課題となる。

6. お わ り に

ウクライナ戦争は第 2 次世界大戦後初の本格的なヨーロッパ内熱戦である。ロシアの蛮行に対してリベラル民主主義の価値を守る行動がいかに重いかをヨーロッパの現実は教えている。「時代転換」を掲げたドイツだったが，その 1 年目に，ドイツ連邦軍の強化は進まず，ウクライナへの武器支援では批判を受けた。経済面でも，ロシアのエネルギー攻撃により，ドイツを中心に苦境に陥っている。苦境は中期的に続くであろう。ポストモダンが続いたドイツ・EU の「時代転換」は重い課題であることが身にしみて分かった，それが 1 年目の成果である。だが，EU 統合の歴史を振り返ると，統合を計画して実を結ばせるまでにかなり長い時間がかかっている。今後の展開を注視していきたい。

参 考 文 献

岩間陽子（2015）「2015 の欧州と日本と世界　外交・安全保障」（プレゼンテーション，経団連会館，1 月 20 日）
大橋英夫（2020）『チャイナショックの経済学』勁草書房
黒川裕次（2002）『物語　ウクライナの歴史』中公新書
田中素香（2020）「右派ポピュリズム政治とヨーロッパ経済」『比較経済研究』第 57 巻第 2 号，所収
―――（2022）「2020 年代の EU と中国，そしてインド太平洋」田中他著『現代ヨーロッパ経済（第 6 版）』有斐閣，終章
鶴岡路人（2023）『欧州戦争としてのウクライナ侵攻』新潮選書

---

19)　EU 首脳会議が 2022 年 3 月に採択した「EU 戦略コンパス」(European Commission 2022) がこの分野の多様な課題を整理している。ロシアの侵攻を見て，書き直しがなされた。

服部倫卓（2021）「ウクライナと EU の関係はどこまで深まったか」（ブログ，3 月
　23 日）

服部倫卓・原田義也編著（2018）『ウクライナを知るための 65 章』明石書店

藤井悦子訳（2023）『シェフチェンコ詩集』岩波文庫

藤井悦子・ホメンコ，オリガ編訳（2005）『現代ウクライナ短編集』群像社

ベルトン，キャサリン（2022）『プーチン　ロシアを乗っ取った KGB たち』日本経
　済新聞出版

マリウシュ，クラフチック（2022）「ポーランドから見たウクライナ戦争」『世界経
　済評論』11/12 月号（「EU 特集」所収）

溝端佐登史（2022）「戦争とグローバル化のロシア経済」『世界経済評論』11/12 月
　号（「EU 特集」所収）

本山美彦（2022）「ロシアのウクライナ侵攻と『チェルノゼム』（黒土層）」『世界経
　済評論 IMPACT』，2022 年 9 月 22 日，所収

クーパー，ロバート著（2008）『国家の崩壊—新リベラル帝国主義と世界秩序』（北
　沢格訳）日本経済新聞出版社

Demertzis, Maria, Benjamin Hilgenstock, Ben McWilliams, Elina Ribakova, Simone
　Tagliapietra（2022）, How have sanctions impacted Russia ?, Bruegel Policy
　Contribution, Issue n°18/22, October 2022

European Commission（2023）, The Strategic Compass for the European Union

第Ⅲ部

ポストコロナの世界経済の変容

第 5 章

ポストコロナの地域医療

岸　　真　清

1. はじめに

　新型コロナの猛威に苦悩した地域社会の課題を緩和する方策を，日々の生活体験に基づきながら，医療を主対象として考察するのが，本章のねらいである。

　2020 年 4 月 7 日に提示された新型コロナウイルス感染症経済対策は，感染防止・医療体制の整備とともに，資金繰りに苦慮する中小企業・小規模事業（小規模農林漁業を含める。以下，同様）の継続を目的としていた。しかし，資金援助のタイミングとその規模が問題視された。

　他方，医療も急激に増加する感染者の PCR 検査，ワクチン接種，入院治療に対応が遅れていた。地域医療の中心的な役割を担う公立病院，保健所，民間の診療所と政府・自治体間の連携のあり方が課題にされた。

　地域社会の基盤を形成するのがコミュニティビジネスと考え，その成長を支える地域医療の持続的な発展を考察するのが，本章である。コミュニティビジネスには，中小企業・小規模事業，ベンチャービジネス，スタートアップ企業など当初から収益の獲得を目指す営利型コミュニティビジネスと基本的に営利を目指さない環境整備，教育・子育て，医療・ヘルス・介護事業などの非営利型・ソーシャルビジネスが存在している。

　ところが，コミュニティビジネス，特にソーシャルビジネスは活動資金に不

足しがちである。

そのため，第2節において，まず，地域医療の中心的な役割を担う公立病院，保健所，かかりつけ医の連携・協業の課題を検討する。次に，地域医療の核とも言うべき公立病院の経営指標に基づき，コストの引き下げだけでなく，医療・ヘルスツーリズムなどを活用して病院の収益を高める可能性を重視，期待を掛ける。しかし，その準備費用の調達は容易と思われない。

そこで，第3節において，コミュニティビジネスを活性化する政府主導型および市民主役の資金チャンネルを検討する。市民ファンド（コミュニティファンド）やクラウドファンディングなどのボトムアップ型の資金チャンネルが活性化しつつあること，さらに ESG 投資（コロナ債，個人向けコロナ債）が拡大しつつある今日，医療・ヘルスへの共感とグローバル化を高める可能性について論じる。第4節はまとめと提案である。

2. ソーシャルビジネスのツーリズム

2-1 地域医療構想

地域医療の確立を目的とする地域医療構想は，将来人口推計をもとに 2025年に必要となる病床数を4つの医療機能（高度急性期，急性期，回復期，慢性期）ごとに推計した上で，地域の医療関係者の協議を通じて病床の機能分化と連携を進め，効率的な医療提供を実現する取組みであった[1]。

地域医療構想は，2014年6月成立の医療介護総合確保推進法を受けて，厚生労働省が2015年に地域医療構想を制度化したことに端を発する。続いて，2016年3月，地域医療構想策定ガイドラインがまとめられ，同年度中にすべての都道府県で地域医療構想が策定されることになった。その目的は，医師，歯科医師，薬剤師，介護支援専門員その他の専門職の積極的な関与の下で，患者・利用者の視点に立ったサービス提供体制の構築にあった。

そこで，各医療機関の足元の状況と今後の方向性が病床機能報告を通じて公

---

1) 厚生省（2014），1-24 頁。

開され，各区域に設置された地域医療構想調整会議において，高度急性期，急性期，回復期，慢性期の機能に分化，協業が促進されることになった。

　ところが，2020 年に入って，新型コロナが猛威を振るい始めたため，4 月 7 日に 5 項目にわたる新型コロナウイルス感染症緊急経済対策が，以下のように示された[2]。

　まず，感染症拡大の収束に目途がつくまでの緊急支援フェーズとして，

1)　医療提供体制の整備および治療薬の開発

2)　雇用の維持と事業の継続

　次に，V 字回復フェーズとして，

3)　① 観光・運輸業，飲食業，イベント・エンターテイメント事業等に対する支援，② 地域経済の活性化を通じたコロナ収束後の経済活動回復

4)　① 海外展開企業の事業円滑化や農林水産物・食品の輸出力の維持・強化，② リモート化等によるデジタルフォーメーションの加速，③ 公共投資の早期執行等による強靭な経済構造の構築を通じたサプライチェーン改革

5)　新たな予備費の創設

　これら 5 項目に上るコロナ緊急経済対策は，108 兆円に上る大規模な対策であった。感染拡大防止・医療体制の整備，雇用の維持および事業継続支援，強靭な経済構築が主な目的であったが，経済対策として，まず，資金繰りに苦悩する中小企業・小規模事業および家計が喫緊の対象にされた。

　しかし，その実施には，不安が潜んでいた。給付は憲法で規定された健康で文化的な最低限度の生活を営む権利を保証する水準でスピーディに実行される必要があるが，それを満たすことができるのかどうか疑問視された。他方，政府系金融機関（日本政策金融公庫など）や民間金融機関の貸付に加えて，信用保証協会のセーフティネットが利用されることになった。実質無利子，無担保，

---

2)　この対策は第 3 弾であり，2 月 13 日には総額 1,530 億円の財政・金融措置がとられた第 1 弾，さらに，同年 3 月 10 日には財政措置 4,308 億円，金融措置 1.6 兆円の第 2 弾の対策がとられていた。内閣府（2020），1-57 頁。

返済期間 5 年先延ばしを可とする優遇条件を付けていたが，予算制約の下で，企業が必要とするだけの資金を融資できる保証はなかった。

　次に，医療も急激に増加する感染者の PCR 検査，ワクチン接種，入院治療に対応が難しい状況に追い込まれていた。それだけに，地域医療の中心的な役割を担う公立病院，それに保健所，かかりつけ医など民間の医療機関と中央政府（政府），地方公共団体（自治体）間の効率的な連携，協業が重視されることになる。

　しかし，2000 年 4 月の第 1 波だけでなく，同年 7〜8 月の第 2 波，12 月〜2021 年 2 月の第 3 波，2021 年 4〜5 月の第 4 波，2021 年 7〜8 月の第 5 波，2022 年 1〜3 月の第 6 波，同年 7〜9 月の第 7 波，さらに 12 月に始まった第 8 波でも，多数の新規陽性者，入院患者，重症患者，死亡者を出し続けてきた[3]。

　特にコロナ感染者受入れが深刻な課題になっていたが，政府，自治体，それに公立・公的病院，かかりつけ医など民間の病院・診療所，保健所がそれぞれ難題を抱え，相互の連携が十分に機能していないことを表している。

　かかりつけ医は，コミュニティの日常生活の中で診療，健康管理を担い，必要な場合に専門医療機関を紹介する頼りになる存在ではあるが，ワクチンの接種など，患者の要望に応じきれないケースも生じた。かかりつけ医の機能強化の必要性が地域医療構想で取り上げられているが，オンラインの活用，訪問医に対する公的な支援など，適切な治療費を検討する段階にきている。

　保健所は，効率的に感染症情報の収集と管理を行う仕組みを集約，一元化するなど，保健所機能の強化が試みられている。帰国者接触者相談センターの設置を通じて，若干，保健所の負担が軽減されてはいる。しかし，検体搬送，患者の入院措置・宿泊療養，積極的疫学調査などの業務を限られた人員で担当せざるを得ない状況下にあった[4]。

---

3)　たとえば，第 7 波（2022. 4 .1〜9.30）の新規陽性者数は累計で 147 万 9,005 人，入院患者数 28 万 6,738 人，重症患者数 2,348 人，死亡者数 1,342 人であった。厚生労働省（2022），1-38 頁。

　そこで，地域医療の核とも言うべき公立病院の感染者受入状況を見てみると，次の通りである。2019 年 1 月～6 月と 2020 年 1 月～6 月期間を対象とした病院報告によれば，全医療機関 7,307 機関のうち，新型コロナ患者の受入可能機関は 1,700 機関で 23 ％，受入実績があった医療機関の割合は 19 ％にとどまっている。また，受入実績がある医療機関 1,353 機関のうち ECMO ないし人工呼吸器，あるいはその両方を使用した患者受入れ医療機関の割合は 23 ％の 307 機関にとどまっていた[5]。

2-2　公立病院の経営指標

　感染者の受入れがスムーズに運ばなかった状況，また新型コロナ感染が病院経営にもたらした影響を公立病院の事例から振り返ってみることにする。

　最初に，病院数と病床数を見てみよう。表 5-1 は，2019 年度，2020 年度，2021 年度の病院数と 100 病床当たりの常勤医師数を表している。2019 年度はコロナウイルス未発症期，2020 年度および 2021 年度は新型コロナパンデミック期と単純化すると，以下のように言えよう。

表 5-1　公立病院・病床数

	2019 年度	2020 年度	2021 年度
病院数	857	853	849
病床数	205,259	203,882	201,893
規模別常勤医師数			
500 床以上	20.6	21.8	22.6
400 床以上 500 床未満	17.8	18.8	19.3
300 床以上 400 床未満	15.0	15.5	16.0
200 床以上 300 床未満	12.5	12.7	13.3
100 床以上 200 床未満	8.4	8.8	9.0
100 床未満	6.8	6.7	6.8
全　体	15.3	16.0	16.5

（出所）総務省（2020），より作成。

---

4)　都保健所における第 7 波の状況は，ピーク時には第 6 波の 2 倍の患者数が発生していたため，受診や検査ができないという相談が多数寄せられた。また，自宅療養者数が過去最大であった。保健所の業務については，緒方（2021），24-30 頁を参照。
5)　第 27 回地域医療構想に関するワーキンググループ（2020），29 頁。

1)　病院数は，2019 年度から 2021 年度にかけて 857 病院から 845 に減少，病床数も 205,259 床から 201,893 床に減少していることが目を引く。

2)　100 床当たり規模別常勤医師数（地方独立行政法人を含む）は，100 床未満の病院を除き 2020 年度，2021 年度と規模につれて増加している。特に，500 床以上の大規模病院の医師数は 2019 年度から 2021 年度にかけて 2 名（100 床当たり医師数）増加している。上述のことから，新型コロナ対策として医師数の増加が必要になったこと，また，一部の医療機関が廃業したものと推測できる。相対的に大型の病院の方の患者が多く，医師数を増す経営力が強いことが分かる。

2 番目に，規模別経常利益を示す表 5-2 にしたがって，公共病院の経営力を見てみよう。

1)　規模にかかわらず，パンデミック以前の 2019 年度の経常損益は，すべての病院が赤字を計上している。

2)　ところが，第 1 波，第 2 波，第 3 波のパンデミックに襲われた 2020 年，2021 年度において，すべての病院が大幅に黒字転換している。特に，500 床以上の病院の資金状況は 2019 年度に 171 億円の赤字であったのが，2021 年度には 1,245 億円の黒字に転換している。わずか 2 年間で，1,416 億円の増益に変わっている。

3 番目に，表 5-3 の規模別経常収支比率と医業収支比率を見てみよう。

1)　経常収支比率は医業費用，医業外費用に対する医業収益，医業外収益の割合を示す指標（（経常収益／経常費用）× 100%）であるが，100% 以上であ

表 5-2　公立病院の規模別経常損益

（単位：億円）

規模別経常利益	2019 年度	2020 年度	2021 年度
500 床以上	△171	584	1,245
400 床以上 500 床未満	△90	355	619
300 床以上 400 床未満	△219	220	734
200 床以上 300 床未満	△134	68	279
100 床以上 200 床未満	△167	20	284
100 床未満	△72	1	91

（出所）表 5-1 に同じ。

表 5-3　規模別経常収支比率・医業収支比率

(単位：%)

規模別経常収支比率	2019	2020	2021
500 床以上	99.2	102.8	106.0
400 床以上 500 床未満	98.9	103.7	106.3
300 床以上 400 床未満	96.9	102.2	107.2
200 床以上 300 床未満	96.8	101.4	105.4
100 床以上 200 床未満	96.6	100.4	105.2
100 床未満	97.5	100.1	103.3
規模別医業収支比率			
500 床以上	91.1	85.8	87.9
400 床以上 500 床未満	89.0	83.6	85.5
300 床以上 500 床未満	85.4	80.1	82.5
200 床以上 300 床未満	80.3	74.6	75.7
100 床以上 200 床未満	78.0	74.5	75.7
100 床未満	69.5	66.2	68.3

(出所) 表 5-1 に同じ。

れば，単年度の収支が黒字であり，持続可能な経営であることを示している。

2)　表 5-3 から，2019 年度ではすべての規模の病院の経常収支比率が 100％以下であったのが，その逆に 2020 年度に 100％以上に，さらに 2021 年度において収支比率が高まったことを示している。特に，300 床以上 400 未満の病院の 107.2％，400 床以上 500 未満の病院の 106.3％が特質的である。一般会計からの資金によって経常収支比率が高められたとも考えられるが，その結果が公正なものであるかどうかを常に監査する必要があるように思われる[6]。

3)　経常収支の核である医業収支を検討してみよう。医業収支比率は医業費用が医業収益によってどの程度賄われているかを示す指標（(医業収益／医業費用) × 100％）である。医業費用は，医薬品，給食材料費，診療材料費，医療消耗器具備品などの材料費と，給与，賞与，賞与引当金繰入金，退職給与費用，法定福祉費などの給与費が主になっている[7]。

---

6)　実際に入院していない幽霊病床に補助金が交付された実態が指摘されている。『日経電子版』2021 年 11 月 9 日付および『朝日新聞』2023 年 1 月 14 日付を参照。

7)　医業費用には，材料費，給与費以外に委託費，設備関係費，研究研修費などが含

この医業収支比率が100％以上であれば，健全経営であることを示すが，病院の規模を問わず，コロナ対策以前にはすべての病院が100％以下であることから，通常のケースでの経営の厳しさを推測できる。特に300床未満医業収支比率が低いことが経営の継続性に影を落とすことになる。

しかし，多くの公立病院がへき地など人口数の少ない地方で診療している事実を直視する必要がある。すなわち，公立病院の約65％が10万人未満の市町村，約30％が3万人未満の市町村での経営に携わっている。ちなみに，へき地医療拠点として数えられる322病院のうち公立病院はその65％に当たる198病院を占めている。また，第一種感染症指定医療機関としての55病院のうち52.7％を占める29病院が存在している。さらに，地域周産期母子医療センターとしての300病院のうち38.7％に相当する116病院を擁している。これらのデータは，市民の健康および子育てにとって，きわめて重要な役割を担っていることを示唆している[8]。

しかし，ソーシャルビジネスの使命を認識しながらも，公立病院は収入を高め費用を切り下げる自助努力を通じて，ビジネスを継続する手段を求める必要性に迫られている。本章は，地域経済の活性化と医療の経営状況の改善を同時に達成する手段を目指している。そこで，病院の収入と費用項目の再検討を前提として，クラウドファンディング，社会的インパクト投資，コロナ債など政府の補助金を肩代わりする資金の投入とともに，収入を増す医療ツーリズムの実施，あるいはその双方を実施する手段を論じることにする。

地域の活性化と公立病院の経営改善を一体化する基盤は，コミュニティを抜きにして考えられない。この可能性を確認するために，公立病院が立地する最も基本的な社会・経済単位である家族・コミュニティの立地を振り返ってみよう。

公立病院の病床比率が目立つ都道府県は，病床数が最も多い山形県を筆頭に，岩手県，青森県，山梨県，島根県，富山県，滋賀県，岐阜県，和歌山県，静岡

まれている。日本医療・病院管理学会「医業費用」，2頁。

8)　これらのデータは，総務省2019年度医療施設調査による。総務省（2020），3頁。

県などが続いている。ちなみに，公立病院が全病床数に占める割合も，山形県
45.1％，岩手県 44.4％，青森県 37.3％，山梨県 31.4％，島根県 31.2％，富山県
30.9％，滋賀県 30.8％，岐阜県 29.7％，和歌山県および静岡県 29.5％の順になっ
ている。この立地は，東京の 8.1％，大阪の 11.1％と対照的であり，公立病院
が地方の医療に中核的な役割を担っていることが分かる[9]。

　立地状況から見ても，公立病院がソーシャルビジネスの責務を果たしている
とみなすことができるのではないだろうか。地域を基盤とするコミュニティビ
ジネスの強みは，共感を有する有志によって運営されるだけに，情報の非対称
性が生じる機会が少なく固定費を低く抑えることができる。また，コミュニケー
ションを取りやすい日々の生活の中でアイデアを生み出し，技術革新，経営環
境の改善を行う機会を生じやすい。それゆえコミュニティを基盤とするコミュ
ニティビジネスが地域経済の牽引者であると考えることができる。

　ここで取り上げた公立病院は，地域経済活性化に貢献する非営利型のソーシャ
ルビジネスであるが，経営改善を通じて自立可能なだけでなく余剰利益を生み
出す営利型コミュニティビジネスにまで成長する可能性を秘めていると考える
のが本章である。

　事実，民間の医療関係のベンチャービジネスが排出していることに気付
く[10]。たとえば，2014 年 10 月設立の「メディカルノート」は，医療従事者と
一般の人をウェブ媒体などの情報発信・コミュニケーションでつなぎ，最適な
治療に出会えるサービスを提供している。

　2016 年 3 月設立の「カケハシ」・薬歴システム「ムスビ」は，カルテ記入時
間を約 3 分の 1 に短縮できる，独自のデータベースを基に個々の患者に合わせ
た服薬や健康維持のアドバイスをタブレットで表示するので，薬剤師がそれを
患者に見せながら順にタップすると，薬歴の下書きが自動的に作成されるとい
う使い勝手の良さが強みである。

---

9)　総務省（2020），3-4 頁。
10)　有望ベンチャー21 社が，『週刊東洋経済』2021 年 4 月 17 日号で紹介されている。

AI診察支援で誤診を減らす2016年11月創立の「プレシジョン」は，患者が診察前にスマートフォンやタブレットに症状を入力しておくと，医師の電子カルテ上には，AI（人工知能）が導き出した不審な疾患が表示されるので，誤診を減らすことになる。

これらのベンチャービジネスが医療機関と市民・住民を結び付け，地域を活性化する可能性が高まる。また，公立病院の業容を拡大するだけでなく，地域発のグローバル化が進展する可能性を秘めている。

2-3　医療・ヘルスツーリズムに掛かる期待

ソーシャルビジネスとはいえ，公立病院が持続的に地方創生に貢献するためには，少なくとも組織を存続するだけの収益の獲得が望まれる。そこで，収益を高めるか，諸経費の削減が必要になる。カルテのデジタル化などを通じ，病院の経費を軽減する手段が考えられるが，医療品，給食材料費，医療消耗器具備品などの材料費，給与，賞与などの給与費，さらに設備関係費，研究研修費などの費用項目の削減は容易とは考えられない。

それだけに，収益の向上が必要になる。本章は，その期待を観光との組み合わせ，特に医療ツーリズムとヘルスツーリズムに掛けている。医療ツーリズムとは，医療を受けることを目的にして他国へ渡航することである。また，ヘルスツーリズムとは旅を通じる健康増進のことであるが，いずれも，海外の利用者数がポイントになる。さらに，医療・ヘルス目的を兼ねた国内旅行者も重視されることになる。しかし，その準備のための資金調達は厳しい。もちろん，ソーシャルビジネスとしての公立病院の医療に共鳴する市民（住民）の寄付金や投資資金が用いられる可能性も考えられるが，市民主役の資金チャンネルについては後述することにする。

ここでは，とりあえず，『観光白書』にしたがって，旅行そのものの経済効果を考えてみよう。国際基準による2020年時点の旅行消費額は12兆円であったが，その内訳は日本人国内宿泊旅行8.2兆円（構成比68.2%，以下同様），日本人国内日帰り旅行2.2兆円（18.3%），訪日外国人旅行1.2兆円（10.2%），日本

人国内分・海外旅行額 0.4 兆円（3.3％）であった[11]。

　旅行消費とは交通費，宿泊費，飲食費土産代・買物代，入場料・施設利用料のことであるが，その直接効果 11.5 兆円の中で，付加価値効果は 6.0 兆円（GDPの 1.1％），雇用効果が 108 万人（全雇用の 1.6％），税収効果が 1.2 兆円（全税収の1.2％）であった。

　また，波及効果に関しては，生産波及効果 22.3 兆円（総産出額 980 兆円の 2.3％），付加価値効果（粗付加価値誘発額）11.6 兆円（名目 GDP538.2 兆円の 2.1％），雇用効果 185 万人（就業者数 6,827 万人の 2.7％），税収効果 2.4 兆（2.3％）であった。

　この状況は，2016 年 3 月，観光ビジョン構想会議決定を踏まえた「観光立国推進基本計画」[12] を映している。2012 年度～2016 年度（5 年間）を対象とした基本計画を 2017 年度～2020 年度（4 年間）に変更，その方針を次のように定めた。

①　観光を基幹産業に成長させ，日本経済を牽引，地域に活力を与える，

②　観光を通じて国際感覚に優れた人材を育み，外国の人々の我が国への理解を深める，

③　全ての旅行者が「旅の喜び」を実感できるような環境を整え，観光により明日への活力を生み出す，

④　国内外の旅行者が安全・安心に観光を楽しめる環境を作り上げ，観光を通じて東北の復興を加速化する。

そして，国内旅行消費額 21 兆円，訪日外国人旅行者数 4,000 万人，訪日外国人旅行消費額 8 兆円，訪日外国人リピーター数 2,400 万人，訪日外国人旅行者の地方部における延べ宿泊者数 7,000 万人，これらの目標が設定された。

　その後，新型コロナ第 3 波に襲われるなど，観光関連産業の雇用の維持と事業の継続に対する支援が喫緊の課題になった。ウイズ・ポストコロナに対応し

11）　観光庁（2022），295-297 頁。なお，生産波及効果，付加価値効果，雇用効果は，それぞれ，国民経済計算の産出額，名目 GDP，就業者数，税収効果は国税＋地方税に対応する比率である。

12）　観光庁（2017），1-71 頁。

て，「Go To 事業」や「地域クーポンの発行」など 1 年をメドとする行動計画「観光ビジョン実現プログラム 2020 ―世界が訪れたくなる日本を目指して―」が示された[13]。

　さらに，2022 年度観光資源において，厚生省および官公庁が連帯し，今後のインバウンド需要の回復を見据え，地方誘客および旅行消費額の拡大促進が目指されている。すなわち，これまで造成した医療技術と地域固有の観光資源を活用した滞在プランなどについて，地域の小規模な医療機関等への拡大可能性調査など，事業性を高め発展させるための取組みを支援するとされた[14]。

　地方創生を柱とする観光立国推進基本計画はエコツーリズムおよびヘルスツーリズムの推進を目的に含めていたが[15]，前者は自然観光資源の適切な利用を促進，新たな観光需要を掘り起こすとともに，持続可能な観光を求めるものである。後者は，自然豊かな地域を訪れ，その地での自然そして温泉や身体にやさしい料理を味わい，心身ともに癒され，健康を回復・増進・保持する新しい形態である。長期滞在型観光にもつながるツーリズムであり，地域や民間とも連携して取組みを進めるものである。

　政府の諸施策に応じながら，自治体サイドも持続可能な観光政策を遂行している。観光庁・国土交通政策研究所が，それぞれ，2018 年および 2018 年度に実施したアンケート調査で示されるように，自治体が最も重視した項目は「観光関連機関や民間事業者との連携」の 61.6％であった。次いで，「イベント・ツアー等における地元企業，地元産品等の活用促進」（48.6％）や「都道府県等と連携した，県内や広域的な観光客分散の取組み」（44.2％）などを重視している[16]。

　実際，2017 年 7 月に施行された地域未来投資促進法も，地域の特性を活用した事業が生み出す経済的効果に着目，それを最大化しようとする自治体を支

13)　観光立国推進閣僚会議（2020），1-6 頁。
14)　観光庁（2022），236 頁。
15)　観光庁（2017），29-30 頁。
16)　観光庁（2022），96 頁。

援する目的を持っていた[17]。そして，2019 年 12 月 31 日までに 1,982 件の地域経済索引計画が承認された。促進された分野は，ものづくり企業の医療機器産業参入，航空機部品の共同受注，バイオ・新素材分野の実用化など，ものづくりが最も多く 190 件であった。また，承認された地域経済牽引事業の事例の 1 つは，北海道旭川市基本計画に沿った「(株) カンディハウス」である。そのプランは，豊富な森林資源を背景として原材料を地域から調達し，旭川家具の新商品開発と海外販路開拓を実施するものである。まさしく，地域発グローバル化をイメージさせるプランと言えよう。

　同様に，医療機関サイドにおいても，観光と高度な医療の組み合わせが実施されている。たとえば，独協医科大学日光医療センターが，地域への社会的貢献と保健医療への貢献を柱に，温泉地元ホテルと連携した人間ドックを 2007 年から開始している。大型放射線機器など最新鋭装置を備え，電子カルテシステムを活用する医療体制と，世界遺産に登録されている日光東照宮それに鬼怒川温泉を活用する医療が実施されている[18]。

　医療ツーリズムも進展している。2021 年 2 月 15 日時点で，日本の 34（うち 31 が病院プログラム）の医療機関が JCI（Joint Commission International）認証を受けている[19]。

　JCI は，1994 年に米国の病院評価機構から発展して設立された，医療の質と患者の安全性を国際的に審査する機関である。JCI の認定プログラムには，病院，大学医療センター，外来診察，臨床検査，在宅ケア，長期ケア，医療搬送機関，プライマリーケアセンターがある。

　2009 年 9 月，病院プログラムにおいて，医療法人鉄蕉会 亀田メディカルセンターが，日本で最初の認証を受けた。その後，南砺市民病院が，2021 年に病院プログラムで認定されたが，自治体病院で初めての認証であった。

　認証の獲得は信用を高め，医療のグローバル化につながることになる。地域

---

17)　経済産業省地域経済産業グループ（2020），1-8 頁。
18)　獨協医科大学日光医療センター（2010），1-3 頁。
19)　JCI 認定医療機関（2018），1-3 頁。

の医療・観光資源を活用した外国人受入れのための調査・展開事業が実施され，令和元年度事業結果の概要が報告されているが，JCI の認証を受けた社会医療法人財団慈泉会・相澤病院の長野県インバウンド推進協議会への加盟が予定されるなど，地域全体の連携体制が強化される見込みになっている[20]。

　他方，ヘルスツーリズムは，NPO 日本ヘルスツーリズム機構によって「すべての人に対して，科学的根拠に基づく健康増進を理念に，旅によって健康増進・維持・回復・疾病予防に寄与する」ものと定義されている。

　ヘルスツーリズム業界参入者には，医療・介護関係者，公的保険外の運動・栄養・保健サービス等事業者，異業種事業者の 3 つの類型がある[21]。

　たとえば，医療・介護関係者の「(株) True　Balance（診療所）」は「まちに健康ブームを起こす健康教室事業」を起こしているが，創業者が身近な人の死や患者と接する中で健康教育の大切さを痛感したことが動機になっている。その強みは医学と教育の異なる専門性が生んだ独自健康プログラムにある。

　公的保険外の運動・栄養・保健サービス等事業者の「(株) データホライゾン・(株) DPP ヘルスパートナーズ」は「医療保険者向けデータヘルス支援サービス事業」を起こしているが，1996 年に厚生省幹部の言葉を契機に将来ニーズを見込んで参入，早期から研究・分析を続けたことが動機になっている。その強みは診療報酬明細書の分析技術と蓄積したデータ分析に基づく保険者支援にある。

　異業種の「KDD2020 年 I（株）（通信事業）」は「健診未受診者対策をサポートする自宅でできる血液検査サービス事業」を起こしているが，「通信とライフデザインの融合」のビジョンに基づく新規事業を継続して模索してきたことが動機になっている。その強みは，「通信とライフデザインの融合」をビジョンに，ヘルスケア領域での積重ねた取組みにある。ヘルスツーリズム認証制度

---

20) 長野県インバウンド推進協議会は，2019 年 2 月に設立されている。日本の優れた医療サービスと，地域の特色のある観光資源要素を組み合わせながら外国人を受け入れる，栃木県，群馬県，長野県，和歌山県の滞在プランの概要が示されている。厚生労働省資料（2020）「資料」，28-38 頁。

21) 経済産業省（2019），I-25 頁。

が 2020 年 5 月に立ち上がったことも普及を促進するように思われる。

3. コロナ克服の資金調達

3-1　資金調達のチャンネル

従来，コミュニティビジネス，特に非営利型コミュニティビジネス（ソーシャルビジネス）は，資金調達に悩むことが多かった。しかし，最近，SDGs（Sustainable Development Goals），ESG（Environment・Social・Governance）への関心が高まるにつれ，各国のソーシャルビジネスへの投資が急速に増えつつある[22]。

日本の事情も変わりつつある。官から民，官の中では自治体が，民の中では個人の参加が重視されつつある最近のボトムアップ型の資金の流れが強くなっている。

政府の補助金・助成金や政府関係金融機関を通じて供給されてきた資金を，民間金融機関の貸出，マイクロファイナンス，社会的インパクト投資，NPO・NPO バンク経由の貸出，コミュニティファンド（市民ファンド），P2P レンディング（インターネット経由の企業間信用），それに少人数私募債やクラウドファンディングが補完するようになっている。

一方，政府も中小企業・小規模事業，ベンチャービジネス，スタートアップ企業の雇用・資金繰りと医療体制の強化を重視している。地域経済活性化を兼ねた新型コロナウイルス感染症対応地方創生臨時交付金が，その例である。

ところが，この環境下においても，なお，ウイルス検査体制，ワクチン開発・治療が遅れていただけでなく，医療・介護関係の人材不足や経営悪化が十分に解決されたとは言い難い状況にある。そこで，効果的な政府支援を実現するために，資金面においても，政府省庁間の調整，それに地域の実情に詳しい自治体，研究機関，金融機関，企業，市民との効率的な協業が切望されることになる。

コミュニティビジネスを活性化する条件は，営利型であっても非営利型（ソー

22）岸（2021），218-221 頁。

シャルビジネス）であっても，イノベーション，専門家，コミュニティ事業のリーダーの存在，それに事業資金である。しかし，小規模なコミュニティビジネス，特にソーシャルビジネスの資金調達は難しい。

　非営利型のソーシャルビジネスの場合，減税効果を別として，利益が望み薄であることがネックになっている。加えて，営利型のコミュニティビジネスと共通する一般的な理由は，① 情報の非対称性が存在し，不確実性とリスクが高くなりがちであること，② 資金の源泉・使途に関する情報がフォーマットに沿って標準化された書類にされていないこと，また適切な信用記録が少ないこと，③ 資産規模が小さく，銀行借入が不利になること，④ 規模の経済が不足し，信用評価などに時間と経費を要することによる。⑤ このため，特に設備投資のための長期資金が不足することになる。⑥ しかも，事業の収益性あるいは少なくとも継続性に期待が持てないと判断される場合には，資金調達は不可能になる。

　資金調達が難しい小規模事業，コミュニティビジネスに資金を供給してきたのが，共助社会の金融システムを象徴するマイクロファイナンスである。マイクロファイナンスは，もともと最貧層が貧困から脱出するための小口無担保融資を指していたが，今日ではその範囲が広がり，貧困ではないものの，銀行などフォーマル金融機関から資金調達するのが難しい小規模企業家や個人向け融資もマイクロファイナンスとして貢献している[23]。

　今日，マイクロファイナンスを扱う金融には，① 友人・親族，金貸業者のインフォーマル金融，②NPO およびNPO バンク（北海道 NPO バンクや東京コミュニティバンクなど）に象徴されるセミフォーマル機関，③ 協同組織金融機関（信用金庫，信用組合，労働金庫，農業協同組合，漁業協同組合，森林組合），商業銀行，開発銀行などのフォーマル金融機関が含まれる。

　たとえば，商業銀行にも，マイクロファイナンスを志向するタイプとマイクロファイナンスに感応するタイプがある。前者はもっぱら中小企業と小規模事

23）　資金調達の型については，岸（2020），65-95 頁を参照。

業に融資する金融機関であって，小規模かつ地方に根差した銀行という特徴を有している。他方，後者は，マイクロファイナンスを魅力的な事業とみなす大手銀行，金融機関であるが，小さな事業を対象とするのにもかかわらず，マイクロファイナンス部門に関心を寄せ，参入を決めた銀行である。

　従来，銀行部門は，個人向け信用がリスキーであるだけでなく，小口の貸出コストが高くなるため，マイクロファイナンスを敬遠しがちであった。しかし，マイクロファイナンス・プログラムのアレンジャーやプロモーターを担当することで収益獲得の可能性が高まるにつれ，マイクロファイナンスに参入するようになった。

　実際，マイクロファイナンスに潜在する取引コストや情報の非対称性克服の可能性，小規模企業経営者の貯蓄能力および自助的な組織形成能力に着目して，マイクロファイナンス事業の立ち上げが活発化している。すなわち，自助，共助的な成長の重要性がクローズアップされるようになっている。

　しかし，仮に条件が整って資金調達が可能となる場合，どのような種類の資金によってまかなわれるのであろうか。

　ソーシャルビジネスの資金の源泉は，繰り返し述べてきたように，自己資金の他，寄付，会費，補助金・助成金，マイクロファイナンス，官民ファンド，住民公募地方債，市民（コミュニティ）ファンド，民間金融機関・融資，クラウドファンディング（寄付・購入型），ESG債（コロナ債，個人向けコロナ債を含む）であり，設備および運転資金として使用される。

　しかし，市場で利益を収めるほど事業が拡大すると，ソーシャルビジネスの資金調達の形態は多様化する。すなわち，私募債（少人数私募債を含む），P2Pレンディング，クラウドファンディング（貸付型，株式型，不動産型，ファンド型），ESG債（サステナビリティ債など）が本格的に加わることになる。

3-2　政府主導型資金チャンネル

　医療機関の資金調達のチャンネルは様々であるが，ここでは，政府主導型を代表する官民ファンドと住民の意思を重視する住民参加型市場公募地方債を取

り上げる。

　最初に，官民ファンドを見てみよう。地域に密着した産業の興隆とグローバル展開への期待が高まっているが，官民ファンドが呼び水的な役割を果たすものと思われる。政府の出資を中心にしながら民間の出資も加わる官民ファンドは，民間がとることが難しいリスクマネーの供給を通じて，地域活性化，新たな産業市場の創設を目指している。

　2023年1月末時点で株式会社農林漁業成長産業化支援機構や株式会社産業革新機構など13ファンドが存在しているが，地方創生に最も深くかかわっているのが，2013年3月に設立の株式会社地域経済活性化支援機構（REVIC）と思われる[24]。

　REVICは，地域の成長支援，再生支援，人材支援等を実施しているが，ファンドの対象は，観光産業支援，ヘルスケア産業支援，地域中核企業支援，ベンチャー・成長企業支援，災害復興・成長支援である。

　このうち，ヘルスケア産業支援ファンドは，成長資金の供給と役員派遣・経営支援を通じて，高齢社会に対応すべく，地域の包括ケアと医療・ヘルスケア産業の振興を目的にしている。そして，全国ファンドと，地域別ファンドの2種類のファンドが使われる[25]。

　前者は，全国の事業者を広く対象として資金供給とハンズオンでの経営支援を行い，新たなビジネスモデルの開発・普及を促すことを目的としている。ファンド金額は100億円，みずほ銀行のほか地方銀行が組合員を構成して2014年9月に設立されている。

　他方，後者の一例が「ぐんま医工連携活性化投資事業有限責任組合」である。2013年9月に「群馬がん治療技術地域活性化総合特区」に認定されるなど，製造業の医療展開を軸とする群馬県の産業育成推進の流れを背景として，2014年11月にファンドが設立されている。組合員は地方銀行，信用金庫，信用組合，

24）　2009年10月14日に設立された株式会社企業再生支援機構から改組されている。株式会社地域経済活性化支援機構（2017），1-15頁。
25）　株式会社地域経済活性化支援機構（2021），1-4頁。

REVICなどで構成される，ファンド金額8.6億円のプロジェクトは，群馬県を中心とする地域の医療産業の振興に資する中堅・中小の事業者を投資対象にしている[26]。

そして，事業者の成長に必要なリスクマネーの提供と，人材・経営面の支援・助言を行うことで，産業，大学，官（自治体・国）・金融機関間連携のモデルケースの創出を目指している。

上述のように，官民ファンドと地域金融機関の連携が実施されていることは確かである。地域金融機関とりわけ信用金庫，信用組合などの協同組織金融機関は地域を地盤としているだけに情報の非対称性を比較的容易に克服する強みを持っているはずである。しかし，今日，地域が人口減少やネットワーク不足問題に直面，有望な中小・小規模事業，コミュニティビジネスなどを育てる必要に迫られている。そこで，設備投資をREVICが，運転資金を協同組織金融機関が担当する方法が望まれることになる。

次に，住民参加型市場公募地方債を見てみよう[27]。地方債の個人消化および自治体の資金調達手段の多様化と住民の行政への参加意識の高揚を目的として，2002年3月から発行されている。群馬県が発行した「愛県債」が第1号案件であった。

最近の事例では，2020年5月，福島県が県立医科大学の新学部や研究施設の整備目的として，5年満括，応募者利回り0.1%，発行額15億円の「第2回ふくしま復興・創生県民債」を発行している。続けて，2021年5月，同様の目的と条件の下で，発行額15億円の「第3回ふくしま復興・創生県民債」を発行している。また，2020年10月，名古屋市が保健センターの設備更新，救急車の購入，学校の整備を目的として，応募者利回り0.08%，5年満括，発行額20億円の「第18回なごやか市民債」を発行している。

---

26) 株式会社地域経済活性化支援機構（2021），ぐんま医工連携活性化投資事業有限責任組合，1-4頁。
27) 発行開始から今日までのデータは，地方債協会（2005），（2020），（2021）による。

発行団体内に居住・通勤・勤務している個人，発行団体内に拠点のある法人・団体等に購入対象者が限定されている銘柄が多いことが特徴的である。

しかし，全国の総発行額はピークであった2005年度をピークとして，その後伸び悩んでいる。ちなみに，年度別の総額は2005年度の3,445億1,880万円から2021年度の156億円へと減少している。その背景に，①金融商品としての魅力が乏しくなったことを挙げることができる。すなわち，個人向け国債と比べた金利の優位性が低下していること，加えて，2016年のマイナス金利導入の影響を受け，上乗せ金利の設定が難しくなったことがある。その改善策として，地域で利用可能な施設利用券など金利以外の特典付き付与が考えられる。②購入者（個人，企業）が域内所在地に限られていることも伸び悩みの一因となっていると思われるので，共同債として，いくつかの市町村が連携することで，ロットの拡張とともに保証力を高めることも考えられる。

3-3 市民主役の資金チャンネル

さらにきめ細かに地域のニーズに応えるためには，市民，住民自身が直接参加する市民ファンド（コミュニティファンド）が有効と思われる。ここでは，NPOとそれを支えるNPOバンクなどのプラットホーム，そしてクラウドファンディングを取り上げることにする。

最初に，NPOとNPOを支援するプラットホームを検討する。民間の非営利組織（NPO）は自発的に参加するメンバーで構成されているが，自治体・政府と市民・住民を結ぶ共助社会そしてその核であるコミュニティビジネスの伸長に重要な役割を果たしている。しかし，NPO自身は資金を集めることが認められていないので，事業型のNPOバンクやボランティア型のシンカブル（Syncable）[28]のようなプラットホームとの協業が必要になる。

医療関係NPOの事例として，障害者の生活・教育の場を訪問して支援する

---

28) シンカブル（2020），1-3頁。

アウトリーチと障害理解のためのワークショップなどを通し多様性の推進を両輪とする 2022 年 2 月創立の「特定非営利活動法人 やまごや」[29] が挙げられる。

　また，統合失調症患者を抱える家族の心労を対話の方法で和らげるとともに，統合失調症に対する世間の偏見を減らし，病気に関する正しい知識や当事者家族の声を社会に届け，当事者も当事者家族も安心・安全に暮らせる社会の創出を目指す「特定非営利活動法人 心のカーテン」[30] が 2022 年 11 月に創立されている。これらの事業は非営利団体であり，いずれもプラットホームは非営利団体支援に特化しているシンカブルである。

　プラットホームにも，前述の「やまごや」や「心のカーテン」のように非営利事業に専念する NPO だけを対象にするシンカブルや，後述の NPO バンクのように営利事業も併せ持つ NPO を対象とするプラットホームが活動している。

　シンカブルは 2022 年に導入団体数が 2,500 団体を超え，国内最大級のプラットホームに成長している。その理由は，支援者が個別に募集ページを立ち上げることができるサポートファンディングであること，また 1 カ月程度の短期間で集中的に実施されるため，継続寄付を確実に獲得可能とするマンスリーファンディングであることによる。

　一般的に，コロナ禍の下で NPO は寄付獲得に苦労しているが，シンカブルが仲介する NPO を別として，非営利を原則とする NPO 法人であっても，実際には営利を重視するケースも見られ，その必要に迫られることもあり得る。言うでもないが，中小企業・小規模事業，スタートアップ事業，ベンチャービジネスなどコミュティビジネスが地域の所得と雇用の増加をもたらすだけにその原資としての収益は重要視される。

　ただし，寄付・ボランティア型 NPO 法人向け支援と事業型 NPO 法人向け支援の内容は異なっている。すなわち，持続化補助金，IT 導入補助金，テレワーク助成金，公庫コロナ特別貸付等の融資・信用保証等が事業型 NPO 法人向け

---

29)　「特定非営利活動法人 やまごや」はシンカブルのウェブ・ページに掲載されている。
30)　特定非営利活動法人「心のカーテン」は，シンカブルのウェブ・ページに掲載されている。

に適用されるが，寄付・ボランティア型 NPO には適用されていない[31]。

　それゆえ，パンデミック再来時には，ソーシャルビジネス活性化を通じて地域の安心感と安全性に貢献することを考慮して，NPO 法人等活動継続・再開支援事業の創設，また，新型コロナ対応地方創生臨時交付金の大幅増額が要望事項に挙がっている。

　次に，NPO バンクをプラットホームとするケースを見てみよう。NPO バンクの役割は市民が出資した資金を地域社会や福祉，環境保全を行う NPO や個人に融資することにある。原則的に非営利であるが，スタートアップ企業に対する貸出しのように，最初から営利を目的とする貸出しも行われている。

　NPO バンクは，1994 年 4 月に「未来バンク事業組合」として，日本で最初に設立された。その後，融資部門の未来舎，天然住宅バンクが合併し，2019年 2 月，「未来バンク」に変わった。融資対象は，環境グッズ購入，NPO，エコロジー住宅に置かれることになった。

　なお，「未来バンク」は，2018 年度に，国立研究開発法人医療研究開発機構（AMED）「国内医療機関からのヒト（同種）体性幹細胞原料の安定供給モデル事業」に採択され，琉球大学全体で事業を推進，現在は再生医療当製品の開発，製造に従事中の複数の製薬企業と連携して事業を進めている[32]。

　「未来バンク」創立後，2002 年に NPO やワーカーズコープ（W. Co）を融資対象とする「北海道 NPO バンク」，2003 年に NPO，W. Co，市民事業者等を融資対象とする「東京コミュニティパワーバンク」，2005 年に豊かな未来を実感できる地域社会構築事業を融資対象とする「コミュニティ・ユース・バンクmomo」などが次々に設立された[33]。

　NPO バンクの特徴は，個々の融資条件がきめ細かいため，貸し倒れがほとんど生じないことである。たとえば，momo の場合，愛知，岐阜，三重の 20〜30 歳代が中心になって，働く場所と生活資源を地域で生み出し続ける循環

31）「NPO 法人シーズ・市民運動を支える制度をつくる会」（2020），1-15 頁。
32）　AMED 事業（2021），1-15 頁。
33）　馬場・木村・萩江・中山・三村（2010），1-15 頁。

社会の構築に取り組んでいる。すなわち，メーリングリストやニュースレターの送付など日常のコミュニケーションを密にする環境の下で，融資の際には組織面・事業面・財務面の評価に面談を加えた慎重な審査を行っている。ただし，経営コストが高くなるだけでなく，運営担当者も限られている。そこで，情報収集・審査・モニタリングに強いはずの協同組織金融機関との連携も考えられることになる。

　また，momo に限らず，NPO バンクは様々な制約条件に直面している。すなわち，① 任意組合のため，出資者が無限責任を負うこと，②「金融商品取引法」(2005 年) の適用除外を受けるが，出資者に配当を払うことができないこと（利息・配当をわずかでも払う場合は，第 2 種金融商品取引業者としての登録を要すること），③「貸出業」に該当するとして，改正貸金業の施行に沿って新たな負担を強いられていること，たとえば，2006 年の改正は，貸金業者の登録に際し財産的要件を純資産 5,000 万円に引き上げたこと（全国バンク連絡会の活動によって 500 万円に引き下げられているが）。④ 出資者は，母体団体の会員や関係者が中心になっていて，出資団体だけが融資を受けられない仕組みになっていること，これらの制約を受けている。

　NPO・NPO バンクの役割が重要であるだけに，出資者とプラットホーム双方に係る規制緩和を工夫する必要があるように思われる。たとえば，公正かつ透明な市場において出資者への配当を認めることで，NPO の活動を活性化することも考えられる。

　次にクラウドファンディングはどのように機能しているのであろうか。クラウドファンディングは，不特定多数の人々がインターネットを通して自らの企画案を発信することで，共感した人から資金を募る仕組みである。IT 技術の進化を通じた情報の伝達速度の向上や情報収集コストの削減，集合知による審査機能の向上が資金供給者と需要者を直接結び付け，取引量を拡大する可能性を高める手段になり得る。今後，医療・ヘルス関連事業やベンチャー企業，スタートアップ企業がクラウドファンディングを活用する機会が増すものと思わ

れる。

　矢野経済研究所によれば，コロナ禍の下，クラウドファンディング経由の新
規プロジェクト支援額は，2018年度の1,834億4,500万円から2019年度の1,567
億7,900万円に減少したものの，2022年度では1,909億8,200万円に増加する
と見込まれるなど回復している[34]。

　クラウドファンディングは，資金や支援者へのリターンによって，基本的に
営利を目指さない非投資型と営利を目指す投資型に大別される。前者に相当す
るのが寄付型と購入型，後者に相当するのが貸付型，事業投資型（ファンド型），
不動産型，株式型である。

　2017年度から2022年度までのおおよそ5年間で，年平均成長率が最も高かっ
たのは不動産型クラウドファンディングの49.8％，それに次いだのが36.8％の
株式型，27.5％の寄付型，4.1％の購入型であった。逆に，事業投資（ファンド）
型と貸付型は，それぞれ，マイナス16.1％，マイナス8.9％であった。

　しかし，2019年度以降，貸付型の支援額が伸び悩んでいるとはいえ，2017
年度時点での1,577億5,300万円は，クラウドファンディング総額1,748億6,800
万円の90.2％を占めていた。また，2022年度時点においても支援額が最も多かっ
たのは，990億9,000万円で総額の51.9％を占める貸付型であった。それに次
ぐのが576億7,500万円の購入型クラウドファンディングであった。

　クラウドファンディング生成の足跡を振り返ってみると，最も早く2001年
に設立されたのは，代表的なファンド運営会社である「ミュージックセキュリ
ティーズ」であった。この設立がクラウドファンディングの先鞭となったが，
音楽事業とともにインパクト投資プラットホーム（セキュリテ）運営業務，ファ
ンド組成業務，ファンド販売業務の証券化事業を行っている。

　そのほか，「セキュリテ熊本地震被災地応援ファンド」[35]のようなユニーク
なファンドも設定している。同ファンドは，2016年熊本地震の被災から立ち
上がろうとする事業者に出資，応援する役割を果たしている。同ファンドの特

34）　クラウドファンディングの支援額は矢野経済研究所（2022），1-5頁による。
35）　熊本地震被災地応援ファンド（2016），1-12頁。

徴は，投資額の半分を寄付に当てること，投資先として設定してある熊本県内のいくつかのプロジェクトの中から応援したい企業を自ら選ぶことにある。

　同様に営利目的の貸付型は，貸付型取扱業者が自社内に組成する匿名組合が個人や企業への金銭消費貸借契約による貸付を実施し，銀行の運転資金を代替する役割を果たしている。ただし，2007 年に設立された「maneo」などのスキャンダル後遺症のため，若干，伸び悩んでいる。

　株式型は，インターネットを通じて，未公開企業に株式の形で投資を可能にする形態であり，スタートアップ企業などに活用される。2015 年 5 月の改正金融法によって解禁されたが，1 人当たりの投資額は 50 万円以下と限定されている。同年，日本初の株式型クラウドファンディングの「ファンディーノ」が設立，2017 年にサービスを開始している。

　他方，非投資型の中で最も早く 2010 年に設立された「ジャパンギビング」は寄付型の最大手であるが，2019 年，地方創生ファンド，不動産向けの貸付型事業を開始する「LIFELL ソーシャルジャパンギビング」に名称変更している。

　同じく，2011 年 4 月には，「レディフォー」が日本初の購入型クラウドファンディングを設立している。寄付型と同様，金銭的なリターンを受け取ることはないが，出資者は金額に応じたサービス，商品を得ることができる。

　医療関係の事業は税制優遇が適用され，寄付型クラウドファンディングが利用されることが多い。結果として小口の支援者が大勢集まり目標額をはるかに超える資金調達に成功する例が多い[36]。

　たとえば，以下の事例が見られる。① コロナ対策のためにフルフェイスシールド生産を目的として，大阪大学大学院医学系研究科教授が発起したプロジェクトが 3,692 万 5,000 円を調達している。② 沖縄の医師会病院副院長が離島向け医療飛行機の購入を目的とするプロジェクトによって，3,629 万 1,000 円，調達している。③ 公立富岡病院の研修医が発起した，富岡で「ケアとまちづくり未来会議」開催を目的とするプロジェクトが 103 万 9,000 円を調達している。

---

36)　メディカル・プリンシプル社（2020），13-19 頁。

医療ヘルス関係の事業やスタートアップ企業，ベンチャービジネスの伸長につれ，地域の活性化とグローバル化が順調に推移するようであれば，クラウドファンディングの活用が増加するものと思われる。また，ECG 投資の拡大とその方向性が，クラウドファンディング増加の型に影響を及ぼすものと考えられる。

4．おわりに——地域発グローバル化に向けて

地方創生を課題にする日本社会を新型コロナが襲う日々が続いた。ようやく終息に向かいつつあるとはいえ，強靭かつ健康な社会づくりの必要性に迫られている。

地域の継続的発展の牽引者はコミュニティビジネスである。非営利型の医療自身もコミュニティビジネスの一翼を担っているが，中小企業・小規模事業，ベンチャービジネス，スタートアップ企業など営利型のコミュニティビジネスを支えている。

しかし，営利型のコミュニティビジネスにもまして，資金調達に苦慮している。本章は，医療のようなソーシャルビジネスも少なくとも組織を存続させるだけの資金を獲得する必要があると考え，その手段を医療・ヘルスツーリズムに求めた。すなわち，営利型にしても非営利型にしても，地域発グローバル化に活路を求める必要があると考えている。

幸いにして，最近，クラウドファンディング，ESG 債（サステナビリティ債，コロナ債，個人向けコロナ債）などの資金チャンネルが開かれるようになっている。これらの資金調達チャンネルの多様化が地域医療や中小企業，ベンチャービジネス，スタートアップ企業を活性化していくものと思われる。

しかし，若干の提案を行うことにする。

第1に，地域の課題にかかわる政策を企画，実施する場合，可能な限り，立案時から，オンラインだけでなく住民の意見を直接聞く機会を設け，それを参考にすることが重要と思われる。

第2に，政府，自治体，企業，研究機関，市民団体，市民（住民）の連携を，

一層深めるため，アンケートなどを通じて政策遂行過程を公開，意見を求める必要があると思われる。

　第3に，インターネットの活用がますます普及する中で，個人情報などが露出するケースが増えている。それにつれて，詐欺リスク，元本返済の保証，投資先の破産など不正な問題が頻発しそうである。そこで，プロジェクトに共感を覚えた市民の投資を安全に保証する保護政策が必須になる。しかし，事前的な規制を詳細に設定するだけでなく，透明・公正な事後的な厳罰を課す方がより効果的と思われる。

参 考 文 献

AMED 事業（2021）「再生医療等製品用ヒト（同種）体性細胞原料の安定供給促進事業」，https://mirai.skr.u-ryukyu.ac.jp/about/（2023.3.14 アクセス）

NPO 法人シーズ・市民運動を支える制度をつくる会（2020）「新型コロナウイルス感染症対応に係る NPO 法人等の支援等に関する要望事項【第三次】（暫定版），npoweb.jp/wp-content/uploads/2020/06/e630c61d6fdce4/ada358b866b0d06af.pdf（2023.3.14 アクセス）

緒方剛（2021）「新型コロナウイルス対応における保健所の役割と課題」『モダンメディア』67 巻 第 2 号，https://eiken.co.jp/uploads modern_media/literature/（2023.3.14 アクセス）

観光庁（2017）「観光立国推進基本計画」，mlit.go.jp/kankocho/kankorikkoku/kihonkeikaku.html（2022.10.18 アクセス）

―――（2022）『令和 4 年　観光白書』

観光立国推進閣僚会議（2020）「観光ビジョン実現プログラム 2020 ―世界が訪れたくなる日本を目指して―」，mlit.go.jp/kankocho/content/001353662.pdf（2022.10.13 アクセス）

岸真清（2020）「地方創生の金融規制改革」岸真清・島和俊・浅野清彦・立原繁『規制改革の未来』東海大学出版部

―――（2021）「ESG 投資が導く新しい社会」中央大学『企業研究』第 39 号

熊本県（2016）「熊本地震被災地応援ファンド」，https://www.pref.kumamoto.jp/soshiki/18/5353/html（2023.3.14 アクセス）

経済産業省（2019）「ヘルスケアサービス参入事例と事業化へのポイント」，https://meti.go.jp/policy/mono_info_service/healthcare/downloadfiles /bisinessmodel-pdf（2023.3.11 アクセス）

経済産業省地域経済産業グループ（2020），「地域未来投資促進法について」，https://meti.go.jp/policy/sme_chiiki/miraitoushi/file/miraitoushi-gaiyou.pdf（2023.1.30 アクセス）

厚生労働省（2014）「医療介護総合確保推進法（医療部分）の概要について」，https://www.mhlw.go.jp/file/06-Seisakujouhou-12600000-Seisakutoukatsukan/0000038005_1_2.pdf（2023.3.14 アクセス）

―――（2020）「地域の医療・観光資源を活用した外国人受入れ推進のための調査・展開事業」，mhlw.go.jp/content/000800974.pdf（2023.1.24 アクセス）

―――（2022）「第 3 波，第 5 波，第 6 波，第 7 波（まとめ）」mhlw.go.jp/content/10900000/001010896pdf（2023.3.14 アクセス）

シンカブル（2016）「医療を支えたい」，https://syncable.biz>associate>social-challenge>health（2023.2.12 アクセス）

JCI 認定医療機関（2018），https://www.medical-tourism_or.jp/jci_list/（2023.1.26 アクセス）

総務省自治財政局地方債課（2018）「住民参加型市場公募地方債について～商品性，市場動向，今後の課題～」chihousai.or.jp /05/pdf/h30-05_03_01_01_pdf（2023/3.14 アクセス）

総務省（2020）「公立病院の現状について」，https://www.soumu.go.jp/main_content/000742388.pdf（2023.3.14 アクセス）

―――（2022）「公立病院数と病床数の推移」，https://www.soumu.go.jp/main_content/000845928.pdf（2023.1.14 アクセス）

第 27 回地域医療構想に関するワーキンググループ（2020）「新型コロナウイルス感染症を踏まえた地域医療構想の考え方について」，https://www.jpa-web.org/dcms_media/other/（2022.11.14 アクセス）

地方債協会（2005）「住民参加型市場公募地方債」，https://www.chihousai.or.jp/03/03_03_01.html（2023.3.14 アクセス）

地方債協会（2020）「住民参加型市場公募地方債」，https://www.chihousai.or.jp/03/03_03_20.html（2023.3.14 アクセス）

―――（2021）「住民参加型市場公募地方債」，https://chihousai.or.jp/ 03/03_03_21.html（2022.10.13 アクセス）

株式会社地域経済活性化支援機構 REVIC（2017a）「株式会社地域経済活性化支援機構（REVIC）におけるヘルスケア活性化の役割」，meti.go.jp/committee/kenkyukai/shoujo/jisedai_healthcare/sinjigyo_wg/pdf/008_09_00.pdf（2023.3.14 アクセス）

―――（2017b）「地域ヘルスケア産業支援ファンド投資事業有限責任組合」，https://www.revic.co.jp/business/fund/02.html（2023.3.14 アクセス）

―――（2021）ぐんま医工連携活性化投資事業有限責任組合，https://www.revic.co.jp/business/fund/09.html（2023.3.14 アクセス）

獨協医科大学日光医療センター（2010）「観光医療科」，https://www.dokkyomed.ac.jp/nmc/department/consultation_organization/74#gsc.tab=0（2022.10.13 アクセス）

内閣府（2020）「新型コロナウイルス感染症緊急経済対策について」，https://www5.cao.go.jp>20200407_taisaku.pdf（2023.3.14 アクセス）

日本医療・病院管理学会，「医業費用」，https://www.jsha.gr.jp/glossary-keyterm/r8/operating-expense/（2023.1.16 アクセス）

馬場英明・木村真樹・萩江大輔・中山学・三村聡（2010）「コミュニティ・ユース・バンク momo の挑戦：市民活動を支える NPO バンク」http://hd1.handle.net/10112/7789（2023.3.14 アクセス）

矢野経済研究所（2022）「国内クラウドファンディング市場の調査を実施」，https://www.yano.co.jp/press-release/show/press_id3042（2023.2.27 アクセス）

メディカル・プリンシプル社（2020）「自力で行う資金調達手段としてのクラウドファンディング」，https://www.medical-principle.co.jp/advanced/crowdfunding.html（2023.3.2 アクセス）

第 6 章

グローバリズムと米中貿易摩擦
——ポストコロナ後の中国経済の変化と世界経済——

大 矢 野　栄 次

1. は じ め に

　グローバリズムが進展した今日の世界経済において，国際分業体制の進展と国際貿易の拡大は顕著である。国際分業の進展は表面的には国際金融の側面における国際化の進展として捉えられる。しかし，より現実的な問題としては，製造業における国際分業の進展の側面である。

　国際分業の進展は，先進国工業諸国から開発途上国への多国籍企業の進出であり，それは，先進工業諸国にとっては産業の空洞化であり，発展途上国にとっては経済発展戦略であった。

　このような世界経済の国際金融と製造業のグローバリズムの中で，中国経済とロシア経済は異なった経済状態を生む結果となった。

　本章は，このような国家間の資本移動による国際分業の進展と国際貿易関係の変化という国際経済環境の変化がグローバリズムという世界観の下で行われてきたことの意味を考えるために，中国経済の産業構造の変化と経済政策がどのように世界経済に影響を与えるかという側面について考察する。

　本章の経済理論の背景は，アダム＝スミスの「資本規模と分業（国際分業）との関係」とD.リカードの「比較生産費説」という初歩的な国際貿易の理論

によって生まれた「比較優位の理論」である。

　しかし，グローバリズムの世界において生じている国際経済的問題を考察するためには，「比較優位の逆転」という現象が生じていることを説明しなければならないのである。それは「規模に関して収穫逓増」・「規模に関して費用逓減」という経済環境に直面した先進国諸国の多国籍企業が開発途上国への国際間の資本移動を進めた結果生じた現象である。

　このような国際的資本移動の進展によって，ソビエト連邦解体後のロシア経済の改革政策は失敗し，中国の開放政策は成功したかのように見えたのである。このような国際経済の問題はやがて「米中貿易摩擦」と「オレンジ革命」・「ウクライナとロシアの紛争問題」として，世界経済に大きな影響を与えることになったのである。

　以上の問題を考察するために，今日のグローバリズムの世界における経済発展の成否について社会資本と民間資本を説明変数とする経済発展モデルを構築して，国際資本移動と経済発展の成否について分析する。

　2020年の武漢コロナ・ウイルス[1] の発症以来，世界経済はコロナ対策とワクチン接種で混乱を来たし，巨大な財政負担を余儀なくされた。

　また，世界経済のコロナ禍の下で，国際物流は混乱を来たした。具体的には，港湾労働者のコロナ・ウイルス感染による労働者不足によるコンテナ船の荷揚げ作業の滞留と荷揚げを待つ船舶の港湾内の滞留である。世界中の港湾におけるコンテナ船の滞留は，コンテナ船不足をもたらし，コンテナ料金の上昇となって世界貿易の国際輸送費用を上昇させて，世界のサプライチェーンを混乱させたのである。

　このような経済環境の変化はポストコロナ以後の世界経済とって不可逆的な変化をもたらすと考えられるのである。

　本章の目的は，このような「米中貿易摩擦」や「武漢コロナ・ウイルス」，

---

1)　武漢ウイルス（Wuhan virus）とは，2019年新型コロナ・ウィルス感染症（COVID-19）の呼称の1つであり，中華人民共和国湖北省武漢市で初めて検出されたことに因む名称である。

そして,「ウクライナ紛争」とそれに続く「ロシア・ウクライナ危機」[2] 以後の
世界経済の変化において,各国にはどのような影響がもたらされるかということ
とを考察することである。

2. 国際経済理論の変化

2-1　リカードの比較生産費説と自由貿易論

リカードの「比較生産費説」は,貿易収支均衡が前提で議論される。

いま,輸出に投下される自国の貿易資本量を K_T と置くと,貿易資本は輸出
財の国内市場における購入代金 $P_X X$ と貿易のための諸費用 C との合計 $K_T(=P_X X + C)$ と表される。ここで,P_X は輸出財の国内市場での購入価格であり,X
はその輸出量である。

貿易資本の利益 Π_T とその利益率 π_T は,次の(1a)式(1b)式のように計算する
ことができる。ここで,P_{IM} は輸入財の国内販売価格であり,IM は輸出した財
の額と交換に獲得した輸入財の量である。貿易余剰は存在しないと仮定する。

$$\Pi_T = P_{IM} IM - K_T = P_{IM} IM - (P_X X + C) = P_{IM} IM - (P_X + C)X$$
$$= P_{IM} IM - P_{XG} X \qquad (P_{XG} = P_X + C) \qquad (1a)$$

$$\pi_T = \frac{\Pi_T}{K_T} = \frac{P_{IM} IM - P_{XG} X}{P_{XG} X} = \frac{P_{IM} \dfrac{P_X^*}{P_{IM}^*} - P_{XG}}{P_{XG}} = \frac{P_{IM}}{P_{XG}} \frac{P_X^*}{P_{IM}^*} - 1 \qquad (1b)$$

ここで,C は輸送費用,保険料,関税費用,倉庫費用等の貿易に関する一切
の費用についての輸出財1単位当たりの額として表されている。

---

2)　ウクライナ紛争は2014年の尊厳革命(マイダン革命,ウクライナ騒乱)後,クリ
ミア半島(クリミア自治共和国)とウクライナ本土のドンバス地方(ドネツィク州
とルハーンシク州)で起こった2014年クリミア危機,およびウクライナ軍と,親露
派武装勢力や反ウクライナ政府組織,ロシア連邦政府・軍との紛争がその直接的な
原因である。2021年秋にはロシアがウクライナ国境への軍の集結を開始し(ロシア・
ウクライナ危機),2022年2月24日にはロシアがウクライナに侵攻し,この論文執
筆時点においても紛争は継続している。

　貿易規模の拡大によって貿易を行うための費用(C)は逓増すると考えると，貿易資本の限界費用（貿易資本の収益率をπ_T）は逓減するので，次の(2)式のような関係が想定される[3]。

$$\pi_T = \pi_T(K_T), \quad \pi'_T < 0 \tag{2}$$

《簡単なリカードの比較優位の例》

　自国の貿易利益Πと貿易利益率πの計算についてリカードの本来の比較優位を説明するために，貿易収支の均衡条件を前提として貿易のための諸費用を除外（$C=0$のケース）して，$K_T = P_X X$と考え，技術係数（必要労働係数）によって書き直すと，次(3a)式と(3b)式のように表される。

　$P_{IM} IM = P_X X$より，$\dfrac{IM}{X} = \dfrac{P_X^*}{P_{IM}^*}$であることを考慮すると，次のように計算することができる。

$$\Pi_T = P_{IM} IM - P_X X = P_{IM} \frac{P_X^*}{P_{IM}^*} - P_X = \left(\frac{P_{IM}}{P_X} \frac{P_X^*}{P_{IM}^*} - 1 \right) X \tag{3a}$$

$$\pi_T = \frac{\Pi_T}{K_T} = \frac{1}{P_X} \left(\frac{P_{IM}}{P_X} \frac{P_X^*}{P_{IM}^*} - 1 \right) \tag{3b}$$

　ここで，a_Xとa_{IM}を技術係数（必要資本係数）とすると，次の(4a)式と(4b)式が成立する。

$$X_i = \frac{1}{a_i} L_i, \qquad (i = X, IM) \tag{4a}$$

$$X_i^* = \frac{1}{a_i^*} L_i^*, \qquad (i = X^*, IM^*) \tag{4b}$$

　この関係を(3b)式に代入すると，次の(5)式が成立する。

---

3)　国際コンテナによる国際一貫物流システムとそれに伴う巨大コンテナ船の建設・普及によって世界貿易における貿易規模の拡大が進み輸送費用は低下している。

$$\pi_T = \frac{P_{IM}}{P_X} \cdot \frac{P_X^*}{P_{IM}^*} - 1 = \frac{a_2}{a_1} \cdot \frac{a_1^*}{a_2^*} - 1 \qquad (5)$$

この関係から貿易利益が正であるためには，次の(6)式のように比較優位の関係が成立しなければならないことが分かる。

$$\frac{a_1}{a_2} < \frac{a_1^*}{a_2^*} \qquad (6)$$

この関係は図 6-1 のように説明される。

すなわち，「相対的に安い財（第一財）を輸出し，相対的に高い財（第二財の）を輸入することによって貿易利益が得られる」というリカードの「比較生産費説」が説明されている。

ここで，X_{1S} は輸出財の国内生産量，X_{1D} は輸出財の国内消費量，X_{2S} は輸入財の国内生産量，X_{2D} は輸入財の国内消費量である。直線 DS は，交易条件で

図 6-1　リカードの比較生産費説

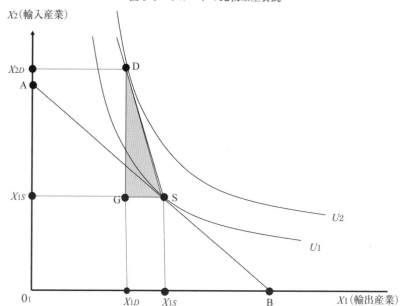

あり，三角形 DGS は貿易三角形，$X_{1S}X_{1D}$ は輸出量，$X_{2S}X_{2D}$ は輸入量を表している。

この図から，この国は，国内の相対価格で生産して，貿易相手国との交易条件で貿易を行うことによって，貿易利益が発生することが説明される。

3. 自由貿易論の終焉

比較優位の条件が成立する時代のリカード的な自由貿易論はそれぞれの国において比較優位となる商品あるいは技術が存在することが前提となっていた。

やがて，ヘクシャー＝オリーン[4]によって，技術条件が共通であっても要素賦存比率の相違が比較優位を発生させることが説明された。このことは「比較優位の背景としての社会的・歴史的要因が消滅したこと」を前提とするわけではなかったが，その準備となったのである。

世界経済が収穫逓増と費用低減の下で，海外市場への進出を求めた多国籍企業の海外進出は，「資本の国際的移動の時代」[5]の始まりであった。それは，市場を支配するための資本移動の時代であった。世界的に共通化した技術を背景に要素賦存比率の相違」を背景として，ヘクシャー＝オリーン流の国際貿易利益が説明された。しかし，同時にドル為替本位制の下では，絶対優位による貿易理論と同じ現象が説明されたのであった。

このことは，同時に世界経済における国際貿易の動機が比較優位を前提としない時代に変化していたことを意味していた[6]。

3-1 比較優位の消滅過程

P_{XG} を貿易費用を含んだ輸出財価格とすると，$P_{XG}=P_X+C$ を考慮して，（1b）式を変形すると次の（7）式が導出される。

---

4) Leamer（1995）；Ohlin（1933）.
5) 直接投資という意味での「資本の国際的移動の時代」である。
6) 経済理論的には長期均衡の状態として貿易収支は均衡することを前提としていた。

$$\pi_T = \frac{\Pi_T}{K_T} = \frac{P_{IM}}{P_{XG}} \frac{P_X^*}{P_{IM}^*} - 1 = \frac{P_{IM}}{P_{X+C}} \frac{P_X^*}{P_{IM}^*} - 1 \tag{7}$$

この(7)式から，貿易利潤率 π は，貿易費用のための諸費用(C)の減少関数であることが説明される[7]。

また，先進工業諸国において，環境問題，社会資本の不足の問題等を考慮すると，国内財の価格(P_X)が上昇して，比較優位による貿易利益の減少が発生するようになることが歴史的に経験されている。

2つの国際貿易環境の変化から，貿易費用の増大と社会的費用の増大によって貿易費用が変化して，多国籍企業化が進むことが説明されるのである。

しかし，そのためには，国際貿易収支残高としての外貨が持ち越された貿易資本の利益を海外投資のための資金となることが重要である。

金本位制，あるいはドル為替本位制の下では，世界中で通用する絶対額としての貿易利益としての米ドルが資本として計算され保有されるのである。

リカードの比較生産費説や新古典派経済学の比較優位の理論の前提条件は，外貨を持ち越さないで貿易収支は均衡しているという暗黙の仮定があった。しかし，現実の世界は持ち越されて対外資産として保有される時代なのである。

貿易利益の余剰を外貨として保有できる国際決済システムにおいては，以上の海外移転が利益を生むように説明されるのである。すなわち，海外の企業に金融資産として間接的に投資することによって利益が形成され，それ以上に多国籍企業として企業・工場を移転することがより大きな利益を獲得するための手段として選ばれるようになるのである。

ここに，市場規模と低賃金労働という企業にとって経済的魅力が存在する開発途上国への資本の進出動機が熟成されるのである。すなわち，特許で保証された技術を持った先進諸国の企業の多国籍企業化が進むことになるのである。

---

7)　貿易費用が低下すると貿易利益率は上昇する。

3-2　「要素価格均等化定理」と絶対優位の議論

　かつて，国際経済学の分野において，自由貿易はやがて「要素価格均等化定理」に基づいて世界的に国際的交易条件が均等化するとサミュエルソンは説明していた。しかも，やがては「絶対価格均等化定理」に基づいて，世界の資本も労働力もその報酬率は均等化すると説明されていたのである。

　このサミュエルソンの予言としての定理が世界経済において実現するのがリカードの「比較生産費説」に基づく「比較優位の議論が絶対優位の議論にすり替えられていく過程として」説明されるのである。

3-3　比較優位を形成する過程

　たとえば，タイ王国の自動車産業のように，すべての部品を先進工業諸国から輸入することが可能であるならば，ノック・ダウン方式によって，低賃金労働力による比較優位産業を構築することが可能となったのである。

　あるいは，韓国のサムソンや SK のような IT 関連の企業であり，蔚山の製鉄所のように，設備と素材を輸入すればその国で電子関連産業を育成することができる IT 産業などでは，基礎的な技術が受け入れ国において不在であっても，資本力さえあれば IT 産業の覇者として世界に君臨することができることを意味しているのである。

　タイやマレーシアなどの開発途上国においては，地元の資本と合弁という条件の下で，先進国からの最先端の業種の工場を国内に誘致することによって，低賃金の雇用量を増大させたのである。さらには，工業団地周辺地域の環境悪化と引き換えに海外の企業を受け入れることによって，開発途上国は，大きな利潤を得ることが可能となったのである。

　先進国の資本にとっては最先端の技術もなければ市場もない開発途上国の低賃金労働力の不足を補う雇用が確保され，環境悪化による社会的費用の増大を避けることが可能となり，しかも資金の多くを開発途上国への援助という名目で公的は資金が提供されるのである。これに伴って開発途上国への資本移動とゆるやかな技術供与が必要となっていったのである。

　開発途上国にとっては，最終工程における低賃金労働力と環境維持費用の割安な負担による費用低減という一見比較優位に見える経済環境さえ構築して世界にアナウンスすることができれば，輸出産業誘致政策が成立するのである。

　先進国の多国籍企業の費用削減効果を狙って，海外の先進国からの企業進出による雇用拡大と彼ら労働者からの搾取がその国の資本家たちの報酬であった。

4. 国内資本蓄積と貿易資本

4-1　貿易資本と国内産業資本

　アダム・スミスは『国富論』の第二編第五章（Of the Different Employment of Capitals. p. 281）において，「資本は，国内にとどまっているものもあれば，そうでないものもある。国内にとどまる点から見て，農業，製造業，および貿易業の順で資本を投下するのが国にとって有利である」と述べている。ここで，アダム・スミスの言う「有利」とは資本の利益に関してではなく，国内の雇用を確保するという見地からの有利である[8]。

（1）　国内産業の資本利益率

　国内産業に投下される資本量を K_D，その資本の収益率を π_D とし，資本の限界効率逓減を仮定すると，次の(8)式のような関係が想定される。

$$\pi_D = \pi_D(K_D), \quad \pi'_D < 0 \tag{8}$$

（2）　資本の回転率と投下配分

　ここで，アダム・スミスは「消費物の外国貿易の資本の回転が国内産業のそれと同じくらいに急速であることはめったにない」（Smith 1776, p. 576）。すなわち，「直接の外国貿易に用いられる資本は，国内資本と外国資本とを回収するに過ぎず，その回転も遅い。迂回的外国貿易はさらに資本の回転が遅い」（Smith 1776, p. 576）と説明している。それ故に，シナ，古代エジプト，古代インドの「3

　8）　アダム・スミスは他の箇所で次のように説明している。「卸売業には，国内商業，直接外国貿易，中継ぎ貿易の3つがある。このうちの国内商業に用いられる資本が最も多くの生産的労働を雇用する」。

つの国のどれも，その余剰生産物の大部分は，常に外国人によって輸出されて
いたらしく，外国人はこれと交換に，そこで需要のある他のものを与えたので
あって，それは金銀である場合が多かった」(Smith 1776, p. 574) と説明している。
貿易資本の利益率は国内産業の利益率よりも低い傾向があるという議論である。

　しかし，今日の国際決済システムにおいてはドルという国際決済通貨の保有
と国際一貫物流の進展による国際輸送費用の低下によって，貿易資本の利益率
は高く資本の回転率は高い傾向があると考えられるのである。

　(3)　資本の配分

　自国の経済に存在する資本量が一定期間において所与 K であるから，貿易
に投下される資本量 K_T は国内の産業における資本 K_D の利益率 π_D との関係か
ら決定される。すなわち，国内の産業の資本収益率 π_D と貿易による資本の収
益率 π_T とが等しくなる規模において貿易に投下される資本量は決定されると
考えることができる。

$$K = K_D + K_T \tag{9}$$

$$\pi_D(K_D) = \pi_T(K_T) \tag{10}$$

　これを図示すると，図 6-2 のように表すことができる。

　図 6-2 において，四角形 $\mathrm{AO}_D\mathrm{O}_r\mathrm{G}$ は利子率を無視した場合に，国内資本が
すべて国内産業資本として投下された場合の資本の余剰である。この資本の限
界効率を表す AEG 曲線が右下がりであることは，国内資本の限界効率が逓減
することを表している。これは国内の利子率の上昇とともに国内産業に投下さ
れる資本量は減少することを説明している。

　ここで，π_T は貿易の利益率であり，$\pi_T = \dfrac{P_{IM}}{P_{XG}} \dfrac{P_X^*}{P_{IM}^*} - 1$ である。貿易規模の
拡大によって輸出量の増加とそのための費用の逓増を反映して P_{XG} が上昇する
ことから貿易利益率 π_T は低下することが説明される。

　(19)式より，国内産業資本の利益率と貿易資本の利益率が等しい点 E で国
内製造業の資本の最適配分が決定される。このとき，三角形 ABE は国内第一
産業資本の余剰であり，三角形 CDE は国内第 2 産業の貿易資本の余剰である。

図 6-2　国内産業資本と貿易資本

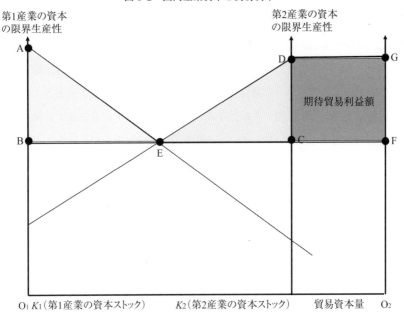

四角形 DCFG は貿易による利益である。

(4)　貿易利益の不確実性

　ここで，国際貿易に関する不確実性はすべて考慮されており，そのリスクに対する報酬が保証されているとみなして議論を進めることにする。貿易規模の拡大は国内の所与の資本量の下で，国内産業の規模を縮小させることが説明される。

4-2　資本量と貿易規模

　先進工業諸国は開発途上国と比較して相対的に資本豊富国であり，国内の資本の限界効率は資本が相対的に少ない経済と比較すると相対的に低い水準にあると考えられる。逆に開発途上国は相対的に資本量が少ない経済であり，資本の限界効率は相対的に高い水準にあると考えられる。

　いま，自国の資本量を K として，貿易相手国の資本量を K^* とする。

$K>K^*$であるとき,$\pi(K)<\pi^*(K^*)$であるから,$K_D<K^*_D$となる。すなわち,$\pi_D(K_D)<\pi^*_D(K^*_D)$である。ここで,$K=K_D+K_T$,$K^*=K^*_D+K^*_T$,$\pi_D(K_D)=\pi_T(K_T)$,$\pi^*_D(K^*_D)=\pi^*_T(K^*_T)$であるから,$K_T>K^*_T$である。

以上から,国際貿易に投下される資本の規模は資本豊富国である先進工業諸国の方が資本希少国である開発途上国よりも大きくなることが説明される。

開発途上国の貿易に関する輸送手段,決済システム,貿易に関する種々の技術は,先進国と比較して劣っていると考えることができるからである。それ故に,開発途上国の貿易資本の限界効率は先進国の貿易資本の限界効率よりも低いと考えられる。

貿易資本の限界効率の格差は,貿易手段の近代化,貿易決済システムの改善,種々の貿易技術の改善は開発途上国貿易利益を拡大することを説明するものである。あるいは,同時に,先進国から開発途上国への貿易に特化するための資本移動の動機を説明するものである。

5. 社会主義経済システムと資本主義経済化政策

本節では,多国籍行の存在を前提として,中国経済とロシア経済の経済発展の可能性について考察する。

5-1 社会資本と民間資本の蓄積経路

いま,K_Gを社会資本ストック量(=政府資本)[9],K_Pを民間資本ストック量[10],Yを国民所得,$t(=\dfrac{T}{Y})$を国民所得から徴収される税率,g_Gを社会資本形成に投資される国民所得の割合,sを貯蓄率,Nを雇用量,Fをマクロ生産関数,δ_Gを社会資本減耗率,δ_Pを民間資本減耗率とする。

民間資本形成は国民可処分所得$(1-t)Y$の一定割合s(貯蓄率)で形成されると仮定する。政府は政府支出の一部$T_G(=g_GY)$を社会資本形成ΔK_Gに投資し

---

9) 社会資本ストックとは,産業基盤関連の社会資本について考える。社会資本には,生活基盤の社会資本も考慮するべきであるが本章では考察していない。

10) 民間資本とは国内民間資本とし,外国への投資資本については除外して考察する。

て，残りを一般財源 T_G として支出すると想定する。

$$T = T_G + \Delta K_G \tag{10}$$

この経済のマクロ生産関数を次の(11)式のように定義できるとする。

$$Y = F(N, \ K_P, \ K_G), \quad F_N > 0, \quad F_{KP} > 0, \quad F_{KG} > 0 \tag{11}$$

ここで，$F_N > 0$ は労働の物的限界生産性，$F_{KP} > 0$ は民間資本の物的限界生産性，$F_{KG} > 0$ は社会資本の物的限界生産性がそれぞれ正であることを表している。

(1) 社会資本の蓄積

$$\dot{K}_G = t_G Y - \delta_G K_G \tag{12}$$

$$\frac{\partial \dot{K}_G}{\partial K_P} = t_G F_{KP} > 0 \tag{12.a}$$

$$\frac{\partial \dot{K}_G}{\partial K_G} = t_G F_{KG} - \delta_G \ \underset{<}{\overset{>}{=}} \ 0, \qquad \text{as} \quad F_{KG} \ \underset{<}{\overset{>}{=}} \ \frac{\delta_G}{t_G} \tag{12.b}$$

$\dot{K}_G = 0$ 線の傾きは，次のように表される。

$$\frac{dK_P}{dK_G} \vert_{K_G = 0} = -\left(t_G F_{KG} - \delta_G\right) / t_G F_{KP} \ \underset{>}{\overset{<}{=}} \ 0 \quad \text{as} \quad F_{KGG} \ \underset{<}{\overset{>}{=}} \ \frac{\delta_G}{t_G}$$

(2) 民間資本の蓄積

また，民間資本は企業の投資活動の結果として経済全体の貯蓄 S によって決定されると仮定する。

$$\dot{K}_P = s Y_D - \delta_P K_P = s(Y - T) - \delta_P K_P$$
$$= s(1 - t) Y - \delta_P K_P \tag{13}$$

この(13)式にマクロ生産関数(11)式を代入すると，次の(14)式の関係が得られる。

$$\dot{K}_P = s(1 - t) F(N, \ K_P, \ K_G) - \delta_P K_P \tag{14}$$

$$\frac{\partial \dot{K}_P}{\partial K_P} = s(1-t)F_{KP} - \delta_{P\,KP} \begin{matrix}<\\>\end{matrix} 0 \quad \text{as} \quad F_{KP} \begin{matrix}>\\<\end{matrix} \frac{\delta_P}{s(1-t)} \tag{14.a}$$

$$\frac{\partial \dot{K}_P}{\partial K_G} = s(1-t)F_{KG} > 0 \tag{14.b}$$

$\dot{K}_P = 0$ 線の傾きは，以下のように計算される。

$$\frac{dK_P}{dK_G} \bigg|_{K_P=0} = -\frac{s(1-t)F_{KG}}{s(1-t)F_{KP} - \delta_P} \, 0 \begin{matrix}<\\>\end{matrix} \text{as} \quad F_{KP} \begin{matrix}>\\<\end{matrix} \frac{\delta_P}{s(1-t)}$$

(3)　社会資本と民間資本の蓄積経路

本モデルは民間資本 K_P と社会資本 K_G に関する連立微分方程式体系のモデルとして説明することができる。すなわち，社会資本と民間資本の蓄積率 $(\dot{K}_G,\ \dot{K}_P)$[11] は，下記の (12) 式と (13) 式の連立方程式体系として成立する。

$$\dot{K}_G = t_G Y - \delta_G K_G \tag{12}$$

$$\dot{K}_P = s(1-t)Y - \delta_P K_P \tag{13}$$

(4)　特異点としての均衡点

両曲線の交点 E は，次の条件を満たすようなこの経済の特異点である。

$$\dot{K}_P = G(K_P^*,\ K_G^*) = 0,\ K_P^* > 0,\ K_G^* > 0 \tag{15.a}$$

$$\dot{K}_G = H(K_P^*,\ K_G^*) = 0,\ K_P^* > 0,\ K_G^* > 0 \tag{15.b}$$

この経済は一定の経済状態において，社会資本量 K_G^* と民間資本量 K_P^* が長期的に不動の地点にとどまるという意味で不動点である。

5-2　一般的な経済発展のケース

一般的な先進工業諸国においては，民間資本の物的限界生産性は貯蓄率で割り引いた減価償却率よりも大きく（$s(1-t)F_{KP} - \delta_P > 0$，$F_{KP} > \dfrac{\delta_P}{s(1-t)}$），社会資

---

11)　この値は年当たりの蓄積率として定義される。

本の物的限界生産性は正であると考えられる$(s(1-t)F_{KG}>0)$から，$\dot{K}_P=0$線の傾きは下記の(16)式のように右下がりであることが分かる。

$$\frac{dK_P}{dK_G}:dKP=0=-\frac{s(1-t)F_{KG}}{s(1-t)F_{KP}-\delta_P}<0 \tag{16}$$

同様に，民間資本の物的限界生産性は正$(t\,F_{KP}>0)$であり，社会資本の物的限界生産性は税率で除した減価償却率よりも大きい$(t_G F_{KG}-\delta_G>0,\ F_{KG}>\frac{\delta_G}{t_G})$と考えられるので，$\dot{K}_G=0$線の傾きは下記の(17)式のように右下がりであることが分かる。

$$\frac{dK_P}{dK_G}:dKG=0=-\frac{t_G F_{KG}-\delta_G}{t_G F_{KP}}<0 \tag{17}$$

いま，一般的には，$\dot{K}_P=0$線の傾きは$\dot{K}_G=0$線の傾きよりも横軸に対して小さいと考えられる。すなわち，次の(18)式の関係が想定される[12]。

$$\frac{dK_P}{dK_G}:dKP=0 < \frac{dK_P}{dK_G}:dKG=0$$
$$-\frac{s(1-t)F_{KG}}{s(1-t)F_{KP}-\delta_P} < -\frac{t_G F_{KG}-\delta_G}{t_G F_{KP}}$$
$$\frac{s(1-t)F_{KG}}{s(1-t)F_{KP}-\delta_P} > \frac{t_G F_{KG}-\delta_G}{t_G F_{KP}} \tag{18}$$

ここで，社会資本減耗率δ_Gと民間資本減耗率δ_Pが等しい$(\delta_G=\delta_P)$場合，両曲線の傾きは一致することになる。しかし，それぞれ償却率が正の場合には，左辺の数値は右辺の数値よりも大きくなるので，$\dot{K}_P=0$線の傾きは$\dot{K}_G=0$線の傾きよりも横軸に対して小さいと考えられるのである。

この関係は，次の図6-3で説明されている。

図6-3において，民間資本の形成を企業家の合理的行動と市場原理に任せ，

---

12)　$\delta_P=\delta_G$のとき，両曲線は同じ傾きである。

社会資本の形成は政府の税収の一定割合によって形成されると考えるケースにおける社会資本と民間資本の蓄積経路が説明されるのである。

ここで，点Aと点E，点Bを通る線は「臨界努力曲線」である。点Aや点Bを初期値とすると，長期的な均衡点Eに向けて経済は自動的に収斂するケースである。

点Aは民間資本の蓄積はあるが，社会資本の蓄積が遅れている経済である。また，点Bでは社会資本は十分にあるが民間資本が不十分な経済である。

点Bの下の地点から出発するR線は，ソビエト連邦を維持するために社会資本としての物流インフラだけは十分に備えていたソ連時代を受け継いだロシア経済のイメージである。しかし，米国の経済学者のコンサルの下で市場原理を採用した後，ロシア経済はR線のような経路を描いたのである。

これに対して点Bの少し上の部分から出発するCH線は，民間資本の蓄積開始とともに社会資本の蓄積も十分に行われ，経済は順調に発展しているのである。このイメージは改革開放後の中国の経済成長を彷彿とさせる。

この両国の経済発展の成否を分けたものが「臨界努力曲線」の存在である。

この長期均衡点である特異点をより高い位置に引き上げるための経済的・政治的・社会的正に必要な努力基準が「臨界努力曲線」である。経済はこの「臨界努力曲線」を超えて経済成長が開始されるとき，自律的な経済発展が開始されるのである[13]。

点Eは，開発途上国[14]（developing country）や低開発経済（underdeveloped country）にとっては長期停滞均衡にいることを説明している。政府が望む経済発展を実現するためには企業の合理的な経済活動と政府の効率的な社会資本形成が必要であることが説明されるのである。

---

13)　「臨界努力曲線」は社会資本と政府資本の代替関係（トレード・オフ）がある曲線として描かれている。
14)　開発途上国や低開発国とは，「臨界努力曲線」よりも生産性の低い右下の位置に長期経済均衡点が位置する経済であると定義している。

図 6-3　一般的なケース（民間資本の減耗率の方が社会資本の減耗率より大きいケース）

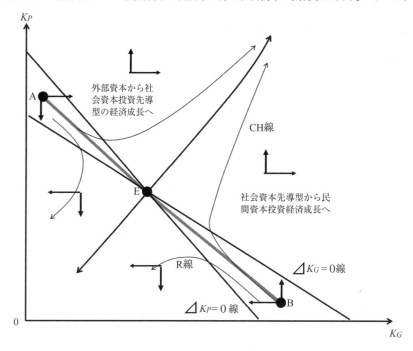

（1）臨界努力曲線

　「臨界努力曲線」とは，フェイ・ラニスらによる定義である。一定の経済的
要因が成立することによって開発途上国経済は「臨界努力曲線」を越えて自生
的な経済発展の経路を選ぶことができると説明するのである。

　この考え方は，ライベンシュタインの「臨界的小努力」（Critical Minimum Ef-
fort）のように経済が最小の努力の度合いを達成することで経済発展の契機が
得られることを説明したのである。

　また，W. W. ロストウは開発途上国を前提として発展段階としての「テイク・
オフ」（離陸）の概念とその経済発展の障害を克服する政策の重要性を主張した。
この「テイク・オフ」の基準が「臨界努力曲線」である。

　ミュルダールらは，アジアの経済的現実を悲観的に捉え「貧困の罠」からの
脱却の困難さを訴え，国際的協調と支援を求める主張を行った。このときの支

援の成果が実現するための基準が「臨界努力曲線」であると考えられている。

　すなわち，資本主義経済システムの下での開発途上国の経済発展政策におい
て，企業が合理的な経済活動を行い，経済を発展させるためには，政府は民間
資本形成と同時に適切な社会資本形成を行うことによって「臨界努力曲線」を
越えるための「経済発展戦略」を実現することが重要になるのである。

　(2)　臨界努力曲線を超えるための経済発展政策

　民間資本の技術進歩や経営者や労働者などの質の改善によって，より効率的
な生産活動が実現するようになると，$\dot{K}_P = 0$ 線は経済発展の障害となる要因が
低下することによって下にシフトするのである。

　同様に，政府が無駄な支出を回避して，効率的な社会資本形成を実施するこ
とによって，$\dot{K}_G = 0$ 線も左下にシフトするのである[15]。

　その結果，両曲線の交点の特異点は，左下方向に移動して，経済状態は「臨
界努力曲線」を越える領域に位置するケースが増大するのである。

　すなわち，技術進歩と最適な社会資本形成によって「臨界努力曲線」を左下
に移動させ，民間資本の自律的蓄積と社会資本の適切な蓄積によって，経済は
自立的に発展することが期待されるのである。

5-3　明治維新と産業改革

　明治維新の日本経済の発展戦略は，社会資本（政府資本）の形成から始まった。
やがて 1880 年に布告された「工場払い下げ概則」が直接の契機となって，民
間への官営事業払い下げ[16] が行われ，民間資本の形成を促した。

　このような民間企業育成政策が，大正時代から昭和時代にかけての日本経済
の発展経路を実現させたのである[17]。

　官営事業払い下げは炭坑，鉱山などから始まり，工場や一部の鉄道などに及

---

15)　一番無駄な政府の支出とは戦費であるだろう。
16)　明治政府は民間産業を育成するために，官営鉱山や官営工場の一部を，特権的政
　　商などに「官営事業民間払い下げ」として払い下げた。
17)　グローバリズムの世界とはこの国内の余剰資金を国内投資から，より利益を生む
　　海外に投資して利益を得ようとする経済活動である。

んだ。1880 年代以降に進行する払い下げは，政府に必要な軍事，通信，また資金や技術を必要とする精錬，冶金などの諸部門を除き，1896 年に生野銀山が最後に払い下げられるまで，多くの官営鉱山や官営模範工場に及んだ。

　政府財政を節減する目的で実施された官業払い下げは，官営軍事工業部門を強化する結果になったのである。また，払い受け人に有利となった払い下げは，払い下げを受けた三井，三菱，古河その他の政商に対して，払い下げの施設を基礎に，後年，彼らが財閥に発展する条件を保証することになったのである[18]。この経済発展の経路は図 6-3 の点 B 付近からの出発として説明することが可能である。

　明治政府の指導は，官営企業を建設し市場構築と採算性が実現した後に，政府資本 K_G を民間企業資本 K_P へと払い下げなどを行うことによって，民間資本蓄積を助長して，経済活動を活発化させ，民間資本の形成を促すという戦略を採用したことが説明されるのである。

5-4　鄧小平の開放政策とその失敗

　中国経済は鄧小平の「南巡講話」[19] によって，日本の経済発展の過程を模倣した開放政策[20] が発表された。「白い猫も黒い猫もネズミを捕る猫は良い猫だ」という宣言の下で海外からの投資を呼び込み海外の先進国の資本と最先端の技術を獲得して，中国経済は飛躍的な経済成長を実現させた。このような関係は図 6-3 の点 B からの出発として説明される。

　しかし，社会主義経済体制の本質の問題[21] と天安門事件等の影響もあって，

18）　払い下げ条件は，政府資金の回収が目的であり，営業資本の即時納入と厳しい規定が含まれていたため，払い受け希望者がきわめて少なかった。4 年後に同法令は廃止され，払い下げは個別に承認される形で実現することになった。

19）　1992 年 1 月から 2 月にかけて，鄧小平は武漢，深圳，珠海，上海などを視察し，重要な声明を発表した一連の行動をいう。鄧小平は生産性の低い国家管理の企業の民営化よりも外国資本の導入政策を優先したのである。

20）　1978 年 12 月に開催された中国共産党第十一期中央委員会第三回全体会議で提出され，その後開始された中国国内体制の改革および対外開放政策のこと。

21）　労働価値説に基づく社会主義経済体制にとって，本来，資本蓄積を評価するシス

海外から企業進出が中止され，国内の民間資本の蓄積が計画通りに進まず[22]，社会資本の不足も加速して経済発展計画がやがて停滞することになったのである。

　このことは，「臨界努力曲線」の右上への大幅シフトアップとして説明される。すなわち，これまでの経済発展の努力が「水の泡」になったのである。

　しかし，日本をはじめとした先進諸国の援助の再開によって，中国経済は再び改革・発展政策を再開した。

　開放政策の再起動の中で，中国経済は国内の有効需要を拡大するために，新幹線網建設や高速道路網建設，鬼城と呼ばれるようになった高級マンション街の建設などのインフラ建設を急激に開始したのである。このような政策は経済発展の段階に見合った合理的な社会資本形成以上のスピードでの高度経済成長政策であった。

　このとき社会資本建設は社会資本の減耗とその維持費用を無視した方法で行われた。すなわち，社会資本の減価償却率が表面的には負となる（$\delta_G<0$）ような政策であった。

　このような中国の経済の発展条件の変化は，次の(19)式の関係として説明することができる。

$$\frac{s(1-t)F_{KG}}{s(1-t)F_{KP}-\delta_P}<\frac{t_G F_{KG}-\delta_G}{t_G F_{KP}} \tag{19}$$

　すなわち，$\dot{K}_P=0$ 線の傾きは，$\dot{K}_G=0$ 線の傾きよりも横軸に対して大きくなったと考えられるのである。

　この経済発展経路は，次の図6-4の点Bよりも少し上の位置からのスタートとするNCH線のように説明される。経済は社会資本指導型の経済発展に変化したのである。

　テムがないのである。特に減価償却概念の不在は経済的には大きな問題であった。
22)　民間資本の多くは外国の資本との共同の投資であり，国内の民間資本形成は遅れていたのである。

図 6-4　一般的なケース（民間資本の減耗率の方が社会資本の減耗率より小さいケース）

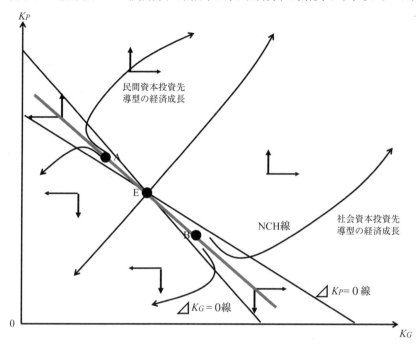

　社会資本指導型の経済発展とは，14沿岸地帯に経済特区を設置した[23]。特区内では外資に対して所得税，土地使用，インフラ利用，原材料輸入，出入国の面で特区以外の地域より優遇が認められた。

　この経済特区の設置による臨海工業都市の開発と「一帯一路構想」などの政策実施が社会資本形成優先の政策として行われたのである。

　これ以後の中国経済においては，中国国内で得られた巨額な外貨資金を海外の金融市場への間接投資，直接投資へと導いた。

　国内経済の民間資本蓄積の遅れという国内経済の負担は外資の流入に任せ，

---

23)　改革開放の当初 1980 年代初めに，鄧小平の大号令の下，まず設置されたのが経済特区である。経済特区が輸出加工区，保税区，自由貿易区と異なるのは，特区内に輸出加工区，工業区，ハイテクゾーン，商業・金融区，観光区などを備えた総合特区として位置付けられている点である。

国内社会資本形成の遅れのために国内の民間資本と社会資本の蓄積を低下させて，国民の生活水準を弱体化させながらの経済成長政策であったのである。

　この経路は図 6-3 においては「臨界努力曲線」の点 B のわずか右上から社会資本投資誘導型の NCH の経路へと国民経済を導いたのである。

⑴　天安門事件以後の中国経済の発展過程

　現在の中国国内経済状態のような貯蓄・投資の関係が続くならば，中国国内はバブル経済とバブル崩壊を招来して，やがて社会資本の実質的減耗と民間資本の実質的減耗が進んで，開放政策以前の状態へと経済は回帰することが予想されるのである。

　すなわち，今日の中国経済の経済成長戦略の失敗の原因の 1 つは，国内の資本蓄積が合理的なメカニズムの下で形成されていないこと，海外からの投資による民間資本形成に依存し過ぎているため投資効率が低く，減価償却引当金が不足しているため，企業の再投資が不十分であること[24]。

　そして，国内経済における社会資本の充実は合理的ではなく，一部の地域，特に沿岸地域の経済特区と「一帯一路構想」に限られた資本形成であるために，国内全体の経済生活の改善に貢献するものではないのである。

　時間が経っても育たない国内の民間資本と人材教育の問題とそれ故に技術進歩の遅れが中国経済の本質的問題である。

　企業の内外出資比率 51％は，計算上の問題であり実質的な割合はほとんど海外資本であることが現実である[25]。

　労働者の質や技術力の改善の程度が低賃金労働力程度のままの労働生産性である限り，成熟した資本主義経済への参加は不可能なのである[26]。

---

24)　これらの国内資本は，出資比率が 51％を超えたとしても，十分な国内民間資本の蓄積にはなり得なかったのである。

25)　中国側が主張する資本の多くは，土地と人材とコネを貨幣額で表した「見せかけの出資」であることもある。

26)　中国経済の発展戦略のような外国資本導入を考慮して本節のモデルを考える場合には，出資比率に基づいて，49％は外国資本であり，51％は国内の民間資本としているが，その実態は政府からの資金である場合，あるいは，金銭的支出が伴わない金額表示の支出である場合が多い。

　このようないくつかの問題を原因として，中国経済の本来の「臨界努力曲線」
は高い水準のまま推移しながら，表面的には外国資本の受け入れと政府資本の
強引な社会資本形成が進められてきたのである。

　天安門事件以後の中国の経済政策は，$\dot{K}_P = 0$ 線の傾きが右下がりであり，$\dot{K}_G$
$= 0$ 線の傾きが右上がりの状態であり，図6-5のように表される。

　この場合は，図6-5の点Cのように民間資本を海外から導入し続けて政府
の歳入不足のため社会資本が不足しながら，経済発展が続いているように見え
るNCH線(1)の場合と，点Fのように民間資本の流入が止まり，民間資本と社
会資本の蓄積が減少し続けて経済発展が失敗するケースのNCH線(2)のケース
となるのである。

　あるいは，点Dのように，政府の健全な指導による社会資本形成の増大によっ
て，辛うじて民間資本の蓄積を促す経済発展計画の実施を考えることができる

図6-5　社会資本が定着せず経済が偏った構造として発展，あるいは停滞するケース

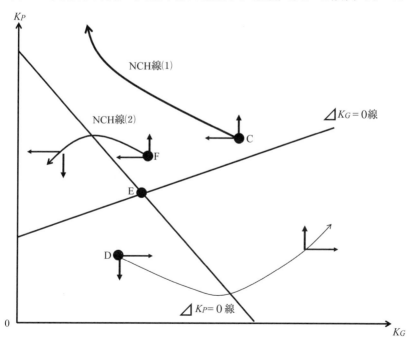

が，そのためには政治的な制度改革と社会改革が必要となるであろう。

　このようないくつかの問題を原因として，中国経済の「臨界努力曲線」は高い水準のまま推移することになり，それ故に一層の外国資本の受け入れと政府資本の形成が進められてきたのである。

　(2)　海外からの投資の減少による効果

　極端な社会資本形成($\delta_P < 0$)という中国経済の状態のままで，海外からの投資が減少すると，中国の経済発展計画はやがて失敗するのである。

　1) 海外からの投資が断絶される場合

　中国経済の現状がこれまでの状態のままで，海外からの投資がなくなった場合については図 6-6 のように表される。

　$\dot{K}_P = 0$ 線の傾きが右上がりであり，$\dot{K}_G = 0$ 線の傾きが右下がりである場合は，図 6-6 の点 C のように民間資本を海外から導入しても「臨界努力曲線」の下

図 6-6　社会資本指導型の経済成長経路を辿るケース

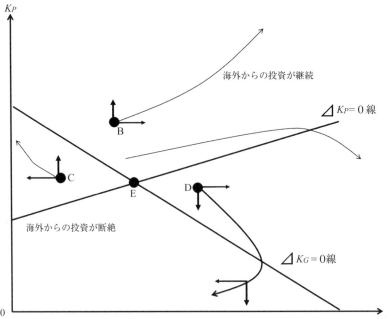

の領域では，政府の歳入不足のため社会資本が不足して経済発展は失敗するケースとなる。

　あるいは，点Dのように，政府の指導による社会資本形成の増大によっても，民間資本の蓄積が不十分な場合には，経済発展計画は失敗することになるのである。

　2）海外から投資が継続する場合

　点Bのように，海外からの投資と技術移転が今まで通り継続されるならば，政府資本誘導型の経済発展計画は成功するであろう。

5-5　中国経済の発展の背景

　中国経済は，このような海外からの資本の受け入れと最先端技術の獲得という海外からの経済的な間接的援助を受け入れ，資本の合弁によってもたらされる以上の権利を手に入れて，国内の雇用状態を改善させ，国民の所得水準を上昇させ，それ以上のスピードで国家財政を潤わせることに成功してきた。

　しかし，政府の余剰金は，一部の特権階級の海外投資資金となり，先進国の株を購入して，先進国の巨大な企業への発言力を増すように世界経済に大きな影響力を持つに至った。これは，一部は政府の「超限戦」の成果であるが，同時に「裸官」などによる資金の国外持ち出しであった。

　このような中国の世界戦略と国内政治家の腐敗を背景に，中国からの資金を国内の投資資金不足に代えて，国内の貯蓄不足を補うように先進国は競争して中国資本（中国マネー）を受け入れてきたのである。

　たとえば国内の投資資金が枯渇した国から渇望されて中国からの投資資金によって経済をコントロールするイタリア政府などである。これらの動きの背景に，EUの通貨統合政策の失敗が隠されてしまったのである。

　中国国内は次第に豊かになるように見えたが，経済発展の成果としての国民の生活改善はなく，個人間の所得格差と地域間の格差を助長していった。

　国民の不満は陰に陽に抑えられ，本来，国民に回るべき経済発展の報酬としての所得と雇用の多くは，一部の富裕層や裸官と呼ばれる人たちとその家族た

ちの海外資産形成と世界的浪費に回されていったのである。

　中国は世界の投資機会を飲み込み，やがて海外優良企業の株式保有と配当資産によって，技術を強奪して国内資本の形成へと舵を切り始めたのである。

　外国の資本を吸収して，外国の最先端技術を獲得して，経済成長し続ける中国に妥協する海外の国々の党派は，選挙において勝ち組となり，自国の自立を取り戻そうとする党派は追放される結果となった。これが1920年の米国の大統領選挙の結果なのである。

⑴　経済が政府のコントロール下にない場合

1 ）経済がサドル・ポイントのケース

　必要維持用の社会資本の形成（$\delta_G<0$）という中国経済の状態のままで，海外からの投資が減少すると，中国の経済発展計画は完全に政府のコントロール下にない状態となり，経済発展計画は失敗するのである。

　資本は実質的には減少しているにもかかわらず，報告データは改竄され，両資本の減耗率（δ_G，δ_P）が表面的には負となっている場合には，資本労働比率は次第に低下し，労働生産性は低下するために，1人当たりの所得水準は減少し続けることになる。

　このような状態は，$\dot{K}_P=0$ 線の傾きが右上がりであり，$\dot{K}_G=0$ 線の傾きも右上がりである場合であり，$\dot{K}_G=0$ 線の傾きの方が $\dot{K}_P=0$ 線の傾きよりも大きい場合の関係として，図6-7のように表すことができる。

2 ）点Bにおいては，社会資本形成にもかかわらず，民間資本は減少していく過程として説明される。

3 ）また，点Aの状態では，海外からの民間資本は増大し続けても，政府の税収の多くが海外に漏れるため，社会資本が減少し続ける状態である。

4 ）点Cの状態は社会資本も民間資本も減少し続ける状態である。

5 ）点Dの状態は「ナイフ・エッジ」（刀の刃）の状態であり，政府の注意深い資本蓄積の監視の下で辛うじて経済発展が成功する可能性があるものの，一度，経路を踏み外すと社会資本が急激に減少し始める（BC線⑴）か，民間資本が減少し始める（BC線⑵）のである。

図6-7　政府のコントロール下に無く，経済は不安定化する

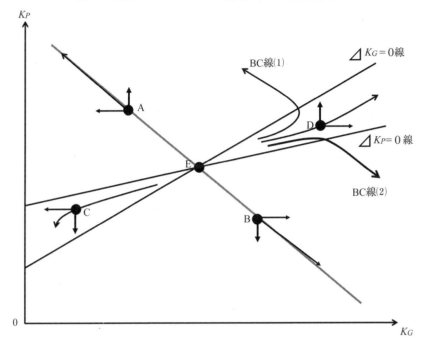

(2)　長期均衡状態の経済がサドル・ポイントのケース

同様に，資本の減耗率(δ_G，δ_P)は実質的には負となっている場合において，$\dot{K}_P=0$線の傾きが右上がりであり，$\dot{K}_G=0$線の傾きも右上がりである場合に，$\dot{K}_G=0$線の傾きの方が$\dot{K}_P=0$線の傾きよりも小さい場合の関係は，図6-8のように表すことができる。

点Aの状態では，海外からの投資によって，民間資本は増大し続けるが社会資本は減少し続ける状態である。

点Bの状態においては，社会資本は成長するが，海外からの投資は減少して，民間資本は減少していく過程として説明される。

また，点Cの状態は社会資本も民間資本も増大し続けるが一定の長期的な停滞状態に収斂して，それ以後の経済発展は見込まれない状態である。

点Dの状態は政府の社会資本も民間資本も減少して続けるが一定の停滞状

図 6-8　経済は長期停滞状態に陥るか一方的に資本蓄積のバランスが崩壊するケース

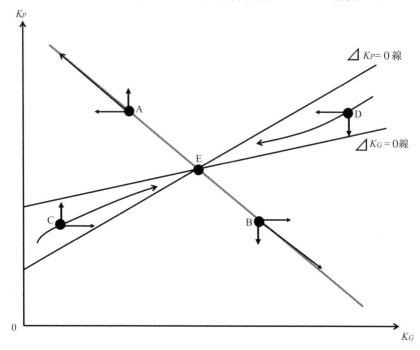

態に収斂して，それ以後の経済発展は見込まれない状態である。

5-6　孫子の兵法

　以上の分析が「中国の孫子の兵法」の現代版としての「超限戦」の成果である。

　世界は中国国内で形成された過剰な資金による世界経済覇権の野望の中で経済を維持し続ける時代が始まったのである。これが「一帯一路構想」の開始であった。

　中国経済の発展と世界経済への拡大という名目の下での国内経済の矛盾が先進国経済の動向を牛耳る戦略として先進国を巻き込み始めたのである。

　同時に，ヨーロッパ統合の夢を見続ける西ヨーロッパの国々にとって各国の経済政策とは矛盾する中国資金が国内に流入して，中国マネーに依存する国々

を次々に生んでいったのである。

　開発途上国に対しては，「一帯一路政策」によるインフラ建設という約束の下で，経済運営の舵取りを中国政府に支配されるようになったのである。いわゆる社会資本の人質化である。

　このような中国経済の「孫子の兵法」政策は，中国国内に投資された資本と技術，そして，開発途上国のインフラ設備が「国際的な人質」となることを説明したのである。

　しかし，これらの対外政策は，先進工業諸国の中国国内への投資と技術流入が続けられる限りにおいて成功するのであり，一度，海外の先進工業諸国が中国への投資行動を停止すると終焉する政策なのである。

　以上の危機意識を認識してか，中国政府は 2023 年春の人民大会において，次の 4 つの政策を発表した。

① 　内需拡大

② 　現代化産業体系の構築加速

③ 　外資の融資・利用

④ 　経済・金融分野の重大リスクの回避

　これらの政策は，海外の資本と技術の流入を図りながら，国内の需要を拡大して，国内産業の近代化（現代化）を図り，中国経済を内需指導型に移行させようというのがこの政策の意図である。

6. 中国の経済発展と先進工業諸国の経済状態

　米国をはじめドイツやフランスなどの西欧諸国や日本から中国経済への工場移転や合弁企業の設置による直接投資の増大により，規模に関して収穫逓増産業が中国経済へと移動したために世界経済における比較優位産業に逆転が生じた。このようにして得た外貨を背景に中国はニューヨークの金融市場を支配しようとした。このような危機的状況に対応して「米中貿易摩擦」が生じたのである。

　1）21 世紀の世界経済において，西欧諸国から中国経済への直接投資の増大

によって，規模に関して収穫逓増産業が中国経済へと移動した。

2) この事実によって，世界経済における比較優位産業の配置が大きく変化
して「比較優位の逆転」が生じた。

3) 2006年以来のアメリカの金融危機とそれ以後の中国経済の台頭によって，
世界経済はグローバリズムの名の下に大きく変化した。

このような中国経済の台頭がもたらすアメリカ経済への脅威を阻止しようと
する政策がトランプの「アメリカ・ファースト政策」であったのである。

6-1　グローバリズムの成果

価値観の共有とは，歴史の共通体験である。しかし，internationalとは，お
互いの文化の異質について理解することであり，価値観の相違について相互に
理解するための定義である。

そのような世界観の中にISO基準やSDGsという世界の価値観の共通化が乱
入して，コロナの共通体験とワクチンの義務化という世界基準の受け入れとい
う価値観の共有化という無理強いが行われたことが今日のグローバリズムの誤っ
た成果であった。

6-2　ロシア経済とその改革

ロシア経済を崩壊させたのは，民間資本が充実していない経済システムに突
然，市場の資本主義化と自由貿易体制と資本移動自由化という資本主義経済的
な経済政策を持ち込んだことに原因があった。

資本主義的な経済政策と民主化は，グローバリズムの落とし子である。米国
資本主義経済のエリート経済学者ジェフリー・サックス (Jeffrey David Sachs)[27] は，
社会主義経済を守りながら「籠の鳥理論」で一部経済を開放する中国経済の発

---

27) ラテンアメリカ，東欧，ユーゴスラビア，ロシア政府の経済顧問を歴任，特にボ
リビア，ポーランド，ロシアの経済危機への解決策のアドバイスやIMF，世界銀行，
OECD，WHO，国連開発計画などの国際機関を通じた貧困対策，債務削減，エイズ
対策などへの積極的な活動を行った。

展とは別の形でロシア経済を崩壊させたのである。

　ウクライナ紛争は，経済的共同体としての EU と軍事同盟としての NATO の概念を分離させて，ウクライナがロシアと EU 諸国の緩衝地帯としての地位となることを認めたロシアに対して，ウクライナを NATO に参加させることによって，ロシアと EU との国境線としての位置を強化しようとしたアメリカ・イギリスの戦略に乗った一部のウクライナの政治家の極端な政策変更が生んだ紛争であるということができる。「ミンスク合意」(2014) の一方的破棄がその原因である。

6-3　グローバリズムという名の新社会主義体制

　世界革命を目指した社会主義革命がソビエト連邦の崩壊によって失敗に帰し，中国の改革開放政策の成功によって，社会主義運動は地球上から消えたと人々は考えていた。

　しかし，これ以後の世界の動きは，アメリカ民主党によるグローバリズムという名目の新社会主義革命なのであった。

　それは，世界の標準化であり，地球環境を守るという一見科学的なテーゼの下に世界中が同じルールを採用して協力し，人種差別も性差別も宗教差別もない，「一見，正義のテーゼ」への世界中の人々の無意識的な隷属化なのである。

6-4　ポストコロナとポスト・グローバリズム

　ポストコロナ以後の新しい世界経済システムとは，ポスト・グローバリズムの世界経済を形成することである。そのためには，国際資本移動について各国経済が自立的に経済政策を運営できるようになるための新しいルールが構築されなければならないのである。

　そこでは，各国の通貨発行権が保証されて，その制度に整合性のある為替相場制度の構築と国際間における財・サービスについての自由貿易システムの実現が必要である。

　この新しく構築された国際資本移動と海外投資ルールが守られるような国際

金融システムにおいては，一度，ある国において金融危機が生じた場合には，その危機が国際間を伝播しない制度でなければならないのである。

ここで金融危機の国際的な伝搬の問題とは，ある国の資産家の巨大な資産が海外において突然なくなることが問題なのではなく，国際的な金融取引に直接的には関係ない人々にとって将来の生活基盤として蓄えられた資金が一部の投資関係者や国家の思惑による金融取引の意図的あるいは無意識の失敗によって脅かされることに問題があるという意味である[28]。

ポスト・グローバリズムの世界とは，各国の独自の通貨発行権が保証されることであり，そして，国内の資本量に基づく国内経済システムの構築と自国の資産の保全が可能でなければならないのである。

そして，各国の政府が努力すべきことは，国内の住民のために必要な社会資本の建設と社会システムの構築，そして民間企業の生産活動における改善の努力を反映するための資金が，彼らが蓄えてきた資産によって実現されることが重要なのである。その資産の投資先とは国内の国民資産としての社会資本に投資されることが最優先されるべきなのである。

グローバリズムとは，国内の経済状態を維持・改善するために国内の人々が働いて貯めてきた資本を国内の国民の雇用確保と生活改善のために活用するという当たり前のシステムを破壊してきたことを認識すべきなのである。

7．おわりに——資本の暴走とポスト・グローバリズム

かつて，カール・マルクス（Karl Marx）とフリードリヒ・エンゲルス（Friedrich Engels）は，彼らの著書『共産党宣言』において，「一匹の亡霊がヨーロッパを徘徊している，共産主義という亡霊。およそ古いヨーロッパのすべての権力が，この妖怪を祓い清めるという神聖な目的のために，同盟を結んでいる。」と記した。

---

28)　日本においては年金積立金の外資運用の問題である。これらの資金は本来国内の厚生水準を高めるための社会資本の充実に充てられるべき資金であったにもかかわらず海外に持ち出されたのである。

　第 2 次世界大戦後の冷戦の時代からグローバリズムの時代はまさに，この「一匹の亡霊」を壊滅させようとする共産主義経済圏[29]とその亡霊を操ろうとした資本主義経済体制との戦いであった。

　しかし，冷戦後の世界経済の発展とロシアの経済改革の失敗と中国経済の暴走によって生じた米中貿易摩擦は，グローバリズムの下での世界経済の運営に失敗した G7 の問題なのである。

　人々が，本来理解するべき，「亡霊」に対する闘いとは，社会主義革命に対する反発の時代から本来の「資本の暴走」に対抗する国際経済運営問題でなければならないのである[30]。それが，「ポスト・グローバリズム」への新しい模索の道なのである。

　私有財産制と民主主義に裏付けられた資本主義経済においては，私利私欲によって国境を越えて自由に移動する「国際資本」は，今日でも，私的で，短期的で，排他的な利益を求めて，世界を徘徊してまわっているのである。

　これからの経済学徒は，これまでの人々が敢えてその存在を無視していたこの国際資本という「亡霊」に立ち向かうべく叡智を傾けなければならないのである。

参 考 文 献

大内兵衛・松川七郎訳（1969）『諸国民の富（一）』岩波書店（岩波文庫）

大矢野栄次（1976）「経済発展における社会資本の役割」修士論文（中央大学）

大矢野栄次（2018）『ケインズの経済学と現代マクロ経済学』同文舘出版社

マルクス，カール・エンゲルス，フリードリヒ（1948）"Das Kommunistische Manifest"（大内兵衛・向坂逸郎訳）『共産党宣言』白 124-5 頁

クルーグマン，P.R.・オプスフェルド，M.（2011）『クルーグマンの国際経済学　理論と政策下金融編』（山本章子訳）第 8 版

水田洋監訳（2001）『国富論〈4〉』（杉山忠平翻訳）（岩波文庫）

---

29)　建前は，「資本という亡霊」との戦いであったが，実際には，国内的には強権発動の非民主主義的政府であり，対外的には資本主義諸国との軍事的衝突を目的とする暴力集団でしかなかった。

30)　「資本の暴走」の原因は，「触れた物すべてを金に変え，より豊かになること」を望んだ「ミダス王の悲劇」でしかないのである。

吉村二郎 (1968)「フェイ・ラニス・モデルと日本経済の転換点」季刊『理論経済学』

Federal Reserve Bank of Chicago (2001), Is the United States an optimum currency area?, December 2001

Fei, J. C. H. & Ranis G. (1964), "Development of the Labor Surplus Economy-Theory and Policy-", The Economic Growth Center, Yale Univ.

Keynes, J. M. (1936), "A General theory of employment, Interest and Money"

Leamer, E. (1995), The Heckscher-Ohlin Model in Theory and Practice (Princeton Studies in International Economics)

Leibenstein, H. (1957), "Economic backwardness and economic growth," John Wiley & Sons.

Lewis, W. A. (1958), "Unlimited Labour: Further Notes," *Manchester School of Economic and Social Studies*

Meier, Gerald M. (2000), "Leading Issues in Economic Development," 7th ed. Oxford Univ. Press

Mundell, R. A. (1961), "A Theory of Optimum Currency Areas," *American Economic Review* 51 (4): 657–665

Ohlin, B. (1933), Interregional and International Trade

W. W. Rostow (1960), "The Stages of Economic Growth," Cambridge Univ. Press, London

Scitovsky, Tibor (1984), "Lerner's Contribution to Economics," *Journal of Economic Literature* 22 (4): 1547–1571

Smith, Adam (1776), An Inquiry into the Nature and Causes of the Wealth of Nations

第 7 章

新型コロナとインフレーションについての考察

矢 野 生 子

1. は じ め に

「新型コロナウィルス感染症 (COVID-19)（以下，新型コロナ）」は，2019 年 12 月に中国で初めて報告されてから瞬く間に世界中に感染が拡大し，2023 年 3 月 13 日現在で世界の感染者数は累積で約 6 億 7,657 万人，死亡者数は約 688 万人に達している。日本でも感染者数は累積で約 3,332 万人，死亡者数は約 7 万 3,000 人に達した[1]。

最初の感染から 3 年半近くたった 2023 年 5 月 5 日にようやく WHO（世界保健機関）は新型コロナに関する「国際的な公衆衛生上の緊急事態」を終了すると表明し，日本においても政府は 5 月 8 日に新型コロナの感染症法上の位置付けをこれまでの「2 類相当」から季節性インフルエンザと同じ「5 類」に引き下げることとなった。

新型コロナの感染拡大が縮小するとともに世界経済は回復の兆しを見せ始め，「リベンジ消費」とも呼ばれる需要の拡大によって世界中でインフレーション

---

1) 『日本経済新聞』「新型コロナウィルス感染マップ」より 2020 年 1 月 22 日〜2023 年 3 月 9 日までの数値。世界の累積感染者数は 676,570,149 人，死亡者数は 6,881,802 人となっている。日本の累積感染者数は 33,320,438 人，死亡者数は 72,997 人となっている（https://vdata.nikkei.com/newsgraphics/coronavirus-world-map/）。

(inflation) の傾向になったと言われている。

　本章においては，新型コロナが世界経済にもたらした様々な影響について分析し，特に物価水準の変化と国民所得水準の変化の観点から世界中，特にヨーロッパで発生したインフレーションと新型コロナとの関係について考察を行う。

　ようやく日本でも脱コロナやウィズコロナの状態になったにもかかわらず，欧米のインフレーションと比較すると非常に低い水準である。なぜ日本では，インフレーションの水準が欧米と比べて低いままなのか，日本とヨーロッパのインフレーションの発生原因との違いについても考察を行い，ヨーロッパで発生しているインフレーションの原因は新型コロナだけではなく，新型コロナの感染が拡大する前から懸念されていた「グリーン・インフレーション（Green Inflation）」が根本原因であることについて考察するものである。

2.　新型コロナ（COVID-19）と世界経済の変化について

2-1　世界経済への影響

　新型コロナは約 3 年にわたって世界的規模で未曽有の混乱と経済に深刻な影響をもたらすこととなった。感染拡大防止のために各国政府は 2020 年以降国内的にも国際的にも人々の移動を制限するために相次いで「ロックダウン」と呼ばれる外出や行動を制限する措置を採用した[2]。

　図 7-1 は 2007 年から 2022 年までの世界の名目 GDP の推移を示したものである。この図からも明らかなように，新型コロナの感染拡大が最も激しかった 2020 年において世界経済の GDP は縮小したが，翌年には中国やヨーロッパ，アメリカなどで脱コロナ・ウィズコロナによる V 字回復となり，世界経済全体では回復基調を示している[3]。

　これに対して，日本経済は図 7-2 の日本の名目 GDP の推移からも明らかな

---

2)　日本では法律上の理由から「緊急事態宣言」に基づいた外出自粛の要請を行った。

3)　2009 年はリーマン・ショックによるものであり，2015 年はヨーロッパにおけるギリシャ危機の再燃や中国での株式市場の株価暴落（チャイナ・ショック）による世界経済の縮小である。

図 7-1　世界の名目 GDP

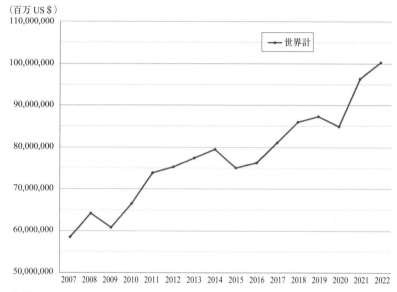

（資料）GLOBAL NOTE.
（出所）IMF.

図 7-2　日本の名目 GDP

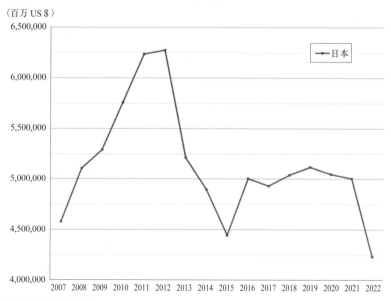

（資料）GLOBAL NOTE.
（出所）IMF.

ように，欧米と比べて脱コロナやウィズコロナへの対応が遅れたため，新型コロナの影響が出始めた 2020 年以降，GDP は減少し続け，2022 年においては，円安・ロシアのウクライナ侵攻・それに伴う国際商品相場の高騰・上海のロックダウン・欧米のインフレ加速と景気悪化など様々な要因が重なり，極端な景気悪化を示している。

2-2　サプライチェーンの変化と貿易構造（形態）について

新型コロナの世界的な感染拡大によって国際物流システムにおいても深刻な影響をもたらし，サプライチェーンの寸断によって世界経済に対して大きな影響を与える結果となった。図 7-3 は新型コロナを受けたサプライチェーンの国際的寸断の一例を示したものである。

旅客機やコンテナ便の減便による輸送量そのものの減少や人手不足による通関手続きの遅延など物流システムそのものが混乱した影響だけでなく，いち早く脱コロナ・ウィズコロナで生産を回復させようとしても，半導体をはじめとする部品不足や原材料不足により生産できないという，グローバル化による国

図 7-3　新型コロナウイルスを受けたサプライチェーンの寸断の一例

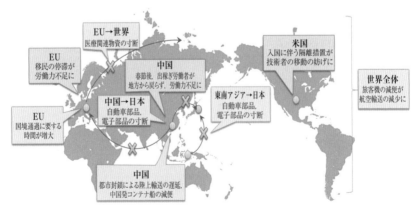

（資料）Global Trade Aler，独立行政法人日本貿易振興機構「地域・分析レポート」，内閣府「景気ウォッチャー調査」，Sixfold, Baldwin "Supply chain contagion waves: Thinking ahead on manufactuning 'contagion and reinfection' from the COVID concussion".
（出所）経済産業省「2020 年版通商白書」第Ⅱ-1-1-1 図。

際サプライチェーンの寸断が世界経済の回復を遅らせ，サプライチェーンそのものの見直しを行う企業も相次ぐこととなった。

そもそも貿易構造（形態）は一次産品や軽工業品のような労働集約的な財を生産する発展途上国と資本集約的な工業製品を生産する先進国との間で行われる「垂直貿易（Vertical Trade）」が主流であった[4]。

これは比較優位構造に基づく国際貿易であり，国際的な垂直分業によって貿易利益を生み出すものである。

これに対して，同産業において同様の種類の製品相互に貿易する形態を「水平貿易（Horizontal Trade）」または「産業間（内）貿易」という。主に先進国間，あるいは途上国間で製品差別化が進むことによって，同様の製品であっても相互で輸出入する形態である。

さらにグローバル化が進むことにより，国際分業は深化し，1つの製品を製造するための工程を国際間で分業するという「垂直的産業間（内）貿易」となった。すなわち，付加価値の高い中間財（部品）を生産する「資本集約型工程」を比較優位とする国（主に先進国）と中間財（部品）を組み立てて最終財を生産・輸出する「労働力集約型工程」を比較優位とする国（主に途上国）が分業することで国際的な「垂直的産業間（内）貿易」[5]へと進展したのである[6]。

このような貿易構造は特に家電製品やパソコンなどをはじめとする電気機器・一般・精密機械において顕著であったため，今回のような世界的なパンデミックにより特定の部品（工程）が滞ってしまった場合にすべての工程がストップしてしまうということになり，脱コロナ・ウィズコロナへの動きが各国によって異なり，足並みが揃わなかったために世界経済の回復をさらに遅らせること

---

4)　戦後日本が行ってきた「加工貿易」は原材料を輸入し，繊維などの軽工業製品を輸出するという典型的な「垂直貿易」の形態であり，高度経済成長の原動力となった。

5)　国際的な「垂直的産業間（内）貿易」よりもむしろ，「製品内貿易」と言うべき構造となっている。

6)　新型コロナの感染拡大以前にグローバル化の進展とともに「垂直的産業間（内）貿易」が拡大していたため，コンテナ輸送が不足しており，輸送コストの単価は上昇し続けていた。

となった。そのため，これまでのサプライチェーンのあり方を見直し，すべての工程を国内に回帰するという動きを見せる企業も出てきている。

2-3　新型コロナ後のインフレーションの現状

　インフレーションとは一定期間にわたって経済の価格水準（物価水準）が全般的に上昇することと説明されるが，その本質は「貨幣価値の持続的下落」である。

　インフレーションが発生する要因としては，新古典派経済学においては「実物的要因」と「貨幣的要因」に分けて分析され，さらに「実物的要因」として①需要の増大を原因としたインフレーションと②供給費用の上昇を原因としたインフレーションに分類されている。①需要の増大を原因としたインフレーションは「ディマンドプル・インフレーション（Demand-pull Inflation）」と呼ばれ，生産物市場における超過需要の発生によってもたらされると考えられている。それに対して，②供給費用の上昇を原因としたインフレーションは「コストプッシュ・インフレーション（Cost-push Inflation）」と呼ばれ，主に賃金率などの主要費用の上昇によってもたらされる物価上昇である。日本経済においては，為替の減価による輸入原材料価格の上昇や供給量不足などによる原材料価格の上昇によってもたらされる場合が多いと考えられる。

2-4　世界の物価水準の推移

　新型コロナによって世界各国ではインフレが生じたとされているが，以下ではまず，世界のインフレの状況について説明する。

　図7-4はOECDによる1990年から2022年までの世界の消費者物価上昇率（単位：%）である。図7-4からも明らかなように，新型コロナが世界中に感染拡大した2020年以降，世界の消費者物価上昇率が急激に上昇していることが分かる。

　図7-5は先進7カ国（G7）の消費者物価上昇率である。2020年以降，先進7カ国（G7）の消費者物価上昇率は，日本以外の国では世界の消費者物価上昇率

図 7-4　世界の消費者物価上昇率（OECD 統計）

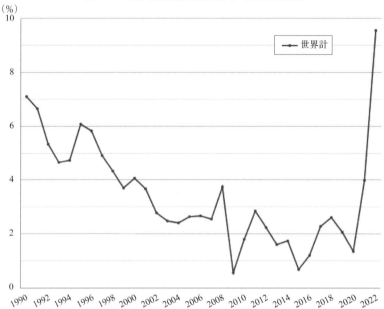

（資料）GLOBAL NOTE.
（出所）OECD.

図 7-5　消費者物価上昇率（G7）（OECD 統計）

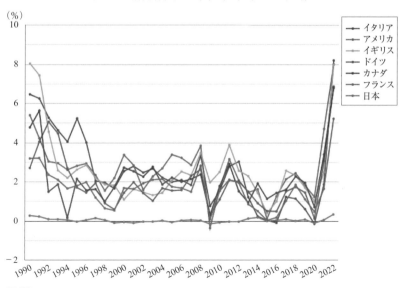

（資料）GLOBAL NOTE.
（出所）OECD.

図 7-6　日・米・欧の消費者物価の推移

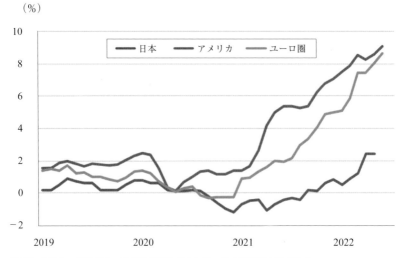

（出所）総務省，米労働省，欧州統計局資料より第一生命経済研究所が作成。

図 7-7　消費者物価上昇率（日本）（OECD 統計）

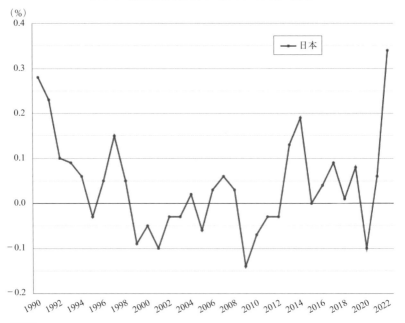

（資料）GLOBAL NOTE.
（出所）OECD.

と同様に急激に上昇していることが分かる。

　図 7-6 はアメリカと EU, そして日本の消費者物価上昇率の推移を新型コロナが感染拡大した 2019 年から 2022 年に限定して表したものである。図 7-6 から明らかなように, アメリカと EU の消費者物価上昇率は 8〜9％と高くなっているが, 日本は 2〜3％以下の水準にとどまっているのである。

　図 7-7 は 1990 年から 2022 年までの日本の消費者物価上昇率である。一見, 大きく変動しているように見えるが, この期間全般にわたって日本の物価上昇率は 0.3〜−0.1％程度であり, 図 7-5 でも示したように, 他国と比較すると極端に低い数値であることが分かる。これは日本経済がバブル崩壊以降, 長期間にわたってデフレ状態であったと言われる現象を示しているのである。

3. 新型コロナ (COVID-19) 後のインフレーションの特徴と対策

3-1　日本経済の低インフレーションの原因について

　図 7-6 で見たように, 新型コロナが感染拡大した 2020 年から 2022 年においてアメリカと EU の消費者物価上昇率は 8〜9％と高い水準であったが, 日本は 2〜3％以下の水準であった。以下では, 日本が低インフレーションであった原因について考察を行う。

　世界経済が新型コロナの感染拡大によって低迷しつつインフレーションが発生している中で, 日本政府は緊急経済対策の 1 つとして 2020 年に全国民に対して 1 人当たり 10 万円の現金を支給するという「特別定額給付金」制度を実施した。その総額は 12 兆 8,803 億円となり, 国が全額を負担した[7]。

　本節においては, この緊急経済対策の効果について考察する。

　図 7-8 は新型コロナが感染拡大している最中に生じた日本経済の状況を表したものである。日本では新型コロナの感染拡大とともに, まず① 新型コロナによる生産費用の上昇が発生することで国内経済が停滞し, ② 政府による 10

---

7)　2022 年度における「特別定額給付金」の総額は 12 兆 8,803 億円であるが, 中小企業などへの給付金 2 兆 3,176 億円を合わせると「雇用維持と事業継続」のための予算は 19 兆 4,905 億円に達している。

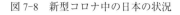

図 7-8　新型コロナ中の日本の状況

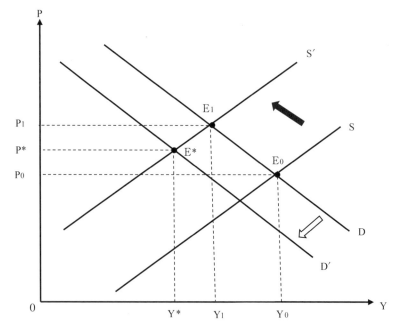

万円の「特別定額給付金」をはじめとした緊急経済対策が実施された。この2
つの現象は図 7-8 において次のように説明される。

① 　新型コロナによる世界経済の低迷と特に世界の物流システムが停滞した
ために輸送費用の上昇などが生じることとなった。そのため，製造業を中心
とした生産費用の上昇によって，図 7-8 において総供給曲線が S から S′
へと左上方にシフトする。均衡点は E_0 から E_1 へと変化し，物価水準は P_0
から P_1 に上昇し，国民所得水準は Y_0 から Y_1 に下落した。

② 　日本政府は緊急経済対策の1つとして全国民に対して 10 万円の「特別
定額給付金」を支給した。総額 12 兆 8,803 億円という巨額の財政支出を行っ
たにもかかわらず，多くの一時金が金融機関への返済等や貯蓄に充てられ
たため信用創造の減少による金融引き締め効果や「緊急事態宣言」による
活動自粛によって経済全体の需要が減少することとなった。これは図 7-8

において総需要曲線を D から D′へと左下方にシフトさせる。均衡点が E_1 から E^* へと変化することにより物価水準は P_1 から P^* へと低下し，国民所得水準は Y_1 から Y^* へとさらに下落することとなったのである。つまり，日本の場合に生産費用の上昇によって物価上昇が生じたが，政府による 10 万円の「特別定額給付金」という財政政策によって物価上昇がある程度抑えられたが，景気はさらに悪化するという景気縮小下でのインフレーションが発生したと考えられるのである。このインフレーションは，従来の「コストプッシュ・インフレーション（Cost-push Inflation）」でもなければ，「ディマンドプル・インフレーション（Demand-pull Inflation）」でもなく，政府の意図に反して財政政策による景気の後退をもたらしたインフレーションであると考えられるのである。

3-2　新型コロナ（COVID-19）後のインフレーションとは

　図 7-9 は新型コロナが収束し，脱コロナやウィズコロナの経済状況へと移行した経済状態を表したものである。① 一般に「リベンジ消費」と呼ばれる消費需要が増加し，その一方で従業員不足などにより生産・供給が追い付かない超過需要が発生するため，図 7-9 において総需要曲線が D から D″へと右上方にシフトする。均衡点は E_0 から E_1 へと変化し，物価水準は P_0 から P_1 に上昇し，国民所得水準は Y_0 から Y_1 に上昇する。② その後，生産・供給が拡大することにより，図 7-9 において賃金の上昇がない限り，総供給曲線が S から S_1' へと右下方にシフトする。均衡点は E_1 から E_2 へとシフトし，物価水準は P_1 から P_2 へと下落し，国民所得水準は Y_1 から Y_2 へと上昇することとなる。

　しかし，欧州の場合には，脱コロナやウィズコロナによる消費需要の増大にとともに賃金上昇が上昇したため総供給曲線はほとんど変化しなかったと考えられる。さらにロシアのウクライナ侵攻やそれに伴う原油価格をはじめとする国際商品相場の高騰が加わったために生産費用の上昇が重なり，総供給曲線は S から S_2' へと左上方にシフトした可能性が考えられるのである。この場合には，均衡点は E_1 から E_2' へとシフトし，物価水準は P_1 から P_2' へとさらに上昇し，

図7-9　脱コロナ・ウィズコロナの経済状況

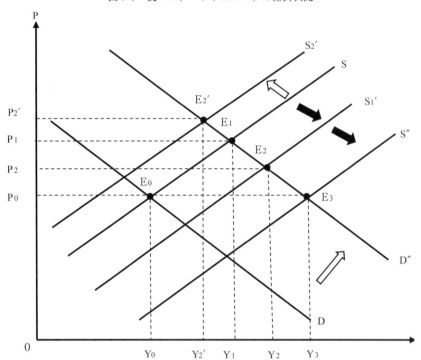

国民所得水準は Y_1 から Y_2' へと減少することとなる。

　このように，欧州では生産・供給が増加しても物価は高い水準でとどまっている状況となっていると考えられるのである。図 7-10(a)，図 7-10(b)，図 7-10(c) はそれぞれ 2019 年 1 月を 100 とした主要国における原油，天然ガス，石炭の輸入物価の推移を表したものである。

　図 7-10(a)，図 7-10(b)，図 7-10(c) からも明らかなように，欧州の多くの国では地球温暖化対策として脱化石燃料を目指し，風力発電など再生可能エネルギーへの転換を行っていたため，2021 年の欧州の天候不順による風力発電量の減少やロシアのウクライナ侵攻に対する制裁措置してロシアからの天然ガスの輸入を停止したため，必要なエネルギーが不足し，スポット価格で大量に

図 7-10　主要国における原油，天然ガス，石炭の輸入物価の推移

（2019 年 1 月を 100 とする）

(a) 原油

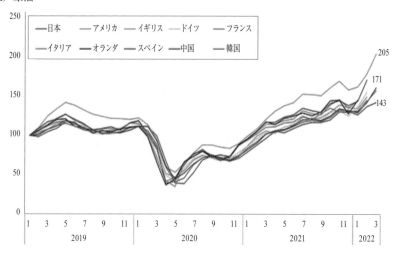

(b) 天然ガス

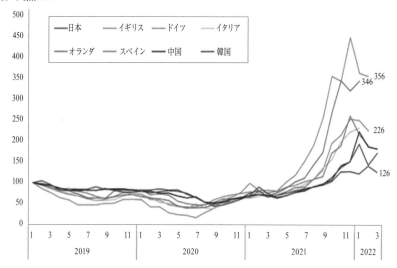

（c）石炭

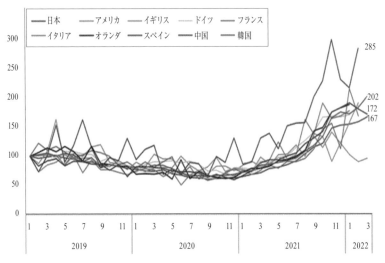

（資料）Global Trade Atlas より経済産業省作成。
（出所）図 7-10（a）〜7-10（c）いずれもエネルギー白書 2022。

調達しなければならなくなった[8]。このように天然ガスの市場価格が最大で約 8
倍まで上昇した欧州と比べると，日本では資源輸出国と価格変動リスクをヘッ
ジできるようなフォーミュラで長期契約等を結んでいるため，ヨーロッパのよ
うな急激な原油価格の上昇とはならず，生産・供給は順調に増加しても賃金の
上昇は緩やか，あるいは上昇しなかったため，図 7-9 のように総供給曲線は
S′ から S″ へとさらに右下方へとシフトし，均衡点 E_3 のようにほとんど物価は
上昇しなかったという結果になるのである[9]。

　すなわち，現在，ヨーロッパの多くの国で発生しているインフレーションの
原因は，脱コロナやウィズコロナによるリベンジ消費による賃金上昇による要
因以上に，エネルギー価格の上昇による要因であると考えられるのである。し

---

8) イギリスで 3.56（2022 年 3 月），オランダで 3.46（2022 年 1 月），ドイツで 2.26（2022
　 年 2 月）まで上昇することとなった。

9) この時期の日本が円安でなく円高であった場合には物価上昇の影響はより小さくなっ
　 ていたと考えられる。

かし，このエネルギー価格の上昇はヨーロッパの地球温暖化対策として脱化石燃料を目指し，風力発電など再生可能エネルギーへの転換を行っていたためであり，「グリーン・インフレーション（Green Inflation）」として新型コロナ以前から既に問題視されていたものである。

この「グリーン・インフレーション」が発生する要因として，「① 急激な脱炭素化に伴う需給バランスの失調により生じる価格上昇，② 脱炭素に向けた巨額投資のコストを製品に転嫁することで生じる価格上昇，③ 温室効果ガス（GHG）排出に対して課される炭素価格の導入による価格上昇，の 3 つに分類される」[10] とされている。

4．おわりに

有史以来，幾度となく繰り返されてきた人類と感染症の戦いにおいて，2019 年に初めて感染が確認された新型コロナは，これまでの感染症とは異なり，国際的な人流や物流のグローバル化した世界経済においてわずか半年で世界中に蔓延し，約 3 年にわたる未曽有字の世界的パンデミックを引き起こした。

サプライチェーンの国際的寸断や「ロックダウン」による経済活動の自粛によって世界経済，特に途上国においては人命を脅かすだけでなく，経済的にもより深刻な影響を及ぼすこととなった。

新型コロナの感染者が徐々に減少に転じ，脱コロナやウィズコロナへ移行した国々ではヨーロッパを中心に世界的なインフレーションを引き起こすこととなった。

本章では新型コロナとインフレーションとの関係について考察し，ヨーロッパと日本ではインフレーションの原因がまったく異なるということと，ヨーロッパのインフレーションは新型コロナ以前から発生しており，新型コロナはあくまでもヨーロッパで発生しているインフレーションの一連の流れの 1 つの要因でしかないことを考察したものである。

---

10)　日本総研（2021）「グリーン・インフレーションをどうみるか─問われる脱炭素への覚悟─」（『リサーチ・フォーカス』No. 2021-037）。

　そして，そのインフレーションの主な原因は，SDGsの21の目標でもある「7　エネルギーをみんなにそしてクリーンに」や「13　気候変動に具体的な対策を」を実現するために，急速に脱炭素社会を目指したことが発端であると考えられるのである。

　2015年にCOP21（国連気候変動枠組条約締約国会議）においてパリ協定が採択され，世界，特にヨーロッパを中心に脱炭素社会を目指して大きく舵を切ることとなった。

　しかし，急激な再生可能エネルギーへの転換はヨーロッパにおけるエネルギーの需給バランスを崩し，天候不順による風力発電量の減少，新型コロナの感染拡大によるサプライチェーンの世界的寸断による生産費用の上昇，脱コロナやウィズコロナへ移行した際の賃金上昇，ロシアのウクライナ侵攻による液化天然ガス（LNG）をはじめとする化石燃料の上昇という複合的な要因によって「コストプッシュ・インフレーション（Cost-push Inflation）」を生じたのである。それ故，新型コロナがもたらしたインフレーションの影響はその一連の流れの一部にしか過ぎないのである。

　これに対して，日本の場合は物価水準が低い状態の中で新型コロナの感染拡大が発生し，国際的なサプライチェーンの寸断や円安による生産費用の上昇によって物価水準が上昇することとなった。

　日本政府は「特別定額給付金」など巨額の財政支出による緊急経済対策を実施したが，多くの一時金が金融機関への返済などや貯蓄に充てられたため信用創造の減少による金融引き締め効果や「緊急事態宣言」による活動自粛によって物価水準の上昇が多少は抑えられたものの，政府の意図に反して経済全体の需要が減少し，日本経済が縮小することとなったのである。

　また，日本は欧米諸国と比べて脱コロナやウィズコロナへの移行が遅れたため，需要の回復が遅れ，賃金上昇も緩やかあるいはほとんど上昇しなかったのである。

　さらに原油などのエネルギー資源の海外依存度が高い日本では，価格変動のリスクをヘッジするために，購入する際は長期契約などを結んできたため，ヨー

ロッパと比べてエネルギー価格の上昇の幅も小さかったのである。その結果，日本のインフレーションは諸外国に比べて非常に低い状態にとどまったのである。

　ヨーロッパのインフレーションはロシアによるウクライナ侵攻の影響も加わり今後も続くと予想されるが，根本的な要因である急激な再生可能エネルギーへの転換によって生じた「グリーン・インフレーション（Green Inflation）」の原因を再検討し，対応する必要があると考えられる。

　謝辞　本章の作成に当たっては大矢野栄次久留米大学名誉教授より大変有益なご教示を数多くいただきました。また，『研究叢書』執筆にあたり，取りまとめをいただいた章沙娟先生をはじめ他の執筆の先生方へ心より感謝申し上げます。

参 考 文 献

エネルギー白書（2022）「令和 3 年度エネルギーに関する年次報告」，第 1 部　第 3 章　第 2 節「世界的なエネルギー価格の高騰とロシアのウクライナ侵略」資源エネルギー庁

『日本経済新聞』「新型コロナウィルス感染マップ」https://vdata.nikkei.com/newsgraphics/coronavirus-world-map/（2023 年 3 月 13 日アクセス）

大嶋秀雄（2021）「グリーン・インフレーションをどうみるか―問われる脱炭素への覚悟―」日本総研（経済・政策レポート）『リサーチ・フォーカス』No. 2021-037

経済産業省（2020）「2020 年版通商白書」「2-1.　コロナショックにおいて発生したサプライチェーンの寸断」

矢野生子（2016）『国際経済の理論と経験』同文舘出版，5-16 頁

編者紹介

小森谷徳純（こもりやよしまさ）　研究員（中央大学経済学部准教授）

章　沙娟（しょうさえん）　研究員（中央大学経済学部助教）

執筆者紹介（執筆順）

谷口洋志（たにぐちようじ）　客員研究員（中央大学名誉教授）

油谷博司（ゆたにひろし）　研究員（中央大学国際経営学部教授）

坂本正弘（さかもとまさひろ）　客員研究員（元中央大学教授）

田中素香（たなかそこう）　客員研究員（元中央大学教授）

岸　真清（きしますみ）　客員研究員（中央大学名誉教授）

大矢野栄次（おおやのえいじ）　客員研究員（久留米大学名誉教授）

矢野生子（やのいくこ）　客員研究員（長崎県立大学教授）

コロナ禍・ウクライナ紛争と世界経済の変容
中央大学経済研究所研究叢書　82

2023 年 10 月 30 日　発行

編　　者　　小森谷　徳　純
　　　　　　章　　沙　娟
発　行　者　　中央大学出版部
代表者　松　本　雄一郎

東京都八王子市東中野 742-1

発行所　中　央　大　学　出　版　部

電話 042（674）2351　　FAX 042（674）2354

ⓒ 2023　章 沙娟　　ISBN978-4-8057-2276-3　　電算印刷㈱

■ 中央大学経済研究所研究叢書 ■

中央大学経済研究所研究叢書

■■■■ 中央大学経済研究所研究叢書 ■■■■

＊表示価格は税込です。